Gestão de
marketing

Central de Qualidade — FGV Management
ouvidoria@fgv.br

SÉRIE GESTÃO EMPRESARIAL

Gestão de
marketing

8ª edição revista e atualizada

Miguel Lima
Arão Sapiro
João Baptista Vilhena
Maurício Gangana

ISBN — 978-85-225-0603-3
Copyright © Miguel Lima, Arão Sapiro, João Baptista Vilhena, Maurício Gangana
Direitos desta edição reservados à
EDITORA FGV
Rua Jornalista Orlando Dantas, 37
22231-010 — Rio de Janeiro, RJ — Brasil
Tels.: 0800-21-7777 — 21-2559-4427
Fax: 21-2559-4430
e-mail: editora@fgv.br — pedidoseditora@fgv.br
web site: www.editora.fgv.br
Impresso no Brasil / *Printed in Brazil*
Todos os direitos reservados. A reprodução não autorizada desta publicação, no todo ou em parte, constitui violação do copyright (Lei nº 9.610/98).

Os conceitos emitidos neste livro são de inteira responsabilidade dos autores.

1ª edição — 2003
2ª edição revista e atualizada — 2003
3ª edição — 2004
4ª e 5ª edições — 2005
6ª e 7ª edições — 2006
8ª edição revista e atualizada — 2007
1ª reimpressão — 2007
2ª, 3ª e 4ª reimpressões — 2008
5ª reimpressão — 2009

Revisão de originais: Luiz Alberto Monjardim
Editoração eletrônica: FA Editoração Eletrônica
Revisão: Fatima Caroni, Marco Antônio Corrêa e Mauro Pinto de Faria
Capa: aspecto:design
Ilustração de capa: Mario Guilherme V. Leite

    Lima, Miguel Ferreira
       Gestão de marketing / Miguel Ferreira Lima, Arão Sapiro, João Baptista Vilhena, Maurício Gangana. — 8 ed. rev. atual. — Rio de Janeiro : Editora FGV, 2007.
       164p. — (Gestão empresarial (FGV Management))

       Abaixo do título: Publicações FGV Management.
       Inclui bibliografia.

       1. Marketing. I. Sapiro, Arão. II. Vilhena, João Baptista. III. Gangana, Maurício. IV. Fundação Getulio Vargas. V. Título. VI. Série.

CDD-658.8

*Aos nossos alunos e aos nossos colegas docentes,
que nos levam a pensar e repensar nossas práticas.*

Sumário

Apresentação 11

Introdução 15

1 | **Gestão de marketing como ferramenta competitiva** 19

Processos de definição, desenvolvimento e entrega de valor 19

Economia digital: conhecimento do ambiente tecnológico 27

Conhecimento do ambiente econômico: exclusão das preferências 28

Conhecimento do cliente: as demandas dos mercados atuais e futuros 30

2 | **Desenvolvimento da proposta de valor** 37

Natureza e estrutura do valor para o cliente 37

Desenvolvimento do posicionamento de nível de valor percebido 49

Desenvolvimento da declaração de estabelecimento de alvo e posicionamento 50

3 | **Desenvolvimento do *mix* de marketing 53**

Produto 55

Gestão de preços 65

Distribuição 72

Comunicação e promoção 77

4 | **Marketing de serviços 83**

Diferenças entre produtos e serviços 85

Definição de serviço 86

Natureza e classificação dos serviços 87

Características dos serviços 89

Componentes do pacote de serviços 92

Marketing externo, interno e interativo 93

Estratégias de marketing para empresas de serviços 96

Marketing de transação *versus* marketing de relacionamento 97

Elementos de interação de um serviço 98

Marketing interno 102

5 | **Estratégia, planejamento e gestão estratégica 105**

Estratégia 105

Os níveis do planejamento 106

Planejamento de marketing 108

Gestão estratégica 110

Diagnóstico estratégico 111

Visão e missão   112

Unidade estratégica de negócios (UEN)   114

Análise do ambiente externo (oportunidades e ameaças)   118

Análise do ambiente interno (forças e fraquezas)   126

6 | Planejamento, implementação e controle de marketing   129

Elaboração do planejamento de marketing   130

Estrutura básica do plano de marketing   132

Processo de implementação e controle do plano de marketing   139

A organização do departamento de marketing   139

Implementação das ações de marketing   142

Controle das ações de marketing   145

Controle do plano anual   146

Controle da lucratividade   147

Controle da eficiência   147

Controle estratégico   148

A integração entre a área de marketing e as demais áreas da empresa   149

Ciclo fechado e coerência   151

Conclusão   153

Bibliografia   157

Os autores   161

Apresentação

Este livro compõe as Publicações FGV Management, programa de educação continuada da Fundação Getulio Vargas (FGV). Instituição de direito privado com mais de meio século de existência, a FGV vem gerando conhecimento por meio da pesquisa, transmitindo informações e formando habilidades por meio da educação, prestando assistência técnica às organizações e contribuindo para um Brasil sustentável e competitivo no cenário internacional.

A estrutura acadêmica da FGV é composta por oito escolas e institutos: a Escola Brasileira de Administração Pública e de Empresas (Ebape), dirigida pelo professor Bianor Scelza Cavalcanti; a Escola de Administração de Empresas de São Paulo (Eaesp), dirigida pelo professor Fernando S. Meirelles; a Escola de Pós-Graduação em Economia (EPGE), dirigida pelo professor Renato Fragelli; o Centro de Pesquisa e Documentação de História Contemporânea do Brasil (Cpdoc), dirigido pelo professor Celso Castro; a Escola de Direito de São Paulo (Direito GV), dirigida pelo professor

Ary Oswaldo Mattos Filho; a Escola de Direito do Rio de Janeiro (Direito Rio), dirigida pelo professor Joaquim Falcão; a Escola de Economia de São Paulo (Eesp), dirigida pelo professor Yoshiaki Nakano; o Instituto Brasileiro de Economia (Ibre), dirigido pelo professor Luiz Guilherme Schymura de Oliveira. São diversas unidades com a marca FGV, trabalhando com a mesma filosofia: gerar e disseminar o conhecimento pelo país.

Dentro de suas áreas específicas de conhecimento, cada escola é responsável pela criação e elaboração dos cursos oferecidos pelo Instituto de Desenvolvimento Educacional (IDE), criado em 2003 com o objetivo de coordenar e gerenciar uma rede de distribuição única para os produtos e serviços educacionais da FGV, por meio de suas escolas. Dirigido pelo professor Clovis de Faro, o IDE engloba o programa FGV Management e sua rede conveniada, distribuída em todo o país (ver www.fgv.br/fgvmanagement), o programa de ensino a distância FGV Online (ver www.fgv.br/fgvonline), a Central de Qualidade e Inteligência de Negócios e o Programa de Cursos Corporativos. Por meio de seus programas, o IDE desenvolve soluções em educação presencial e a distância e em treinamento corporativo customizado, prestando apoio efetivo à rede FGV, de acordo com os padrões de excelência da instituição.

Este livro representa mais um esforço da FGV em socializar seu aprendizado e suas conquistas. Ele é escrito por professores do FGV Management, profissionais de reconhecida competência acadêmica e prática, o que torna possível atender às demandas do mercado, tendo como suporte sólida fundamentação teórica.

A FGV espera, com mais essa iniciativa, oferecer a estudantes, gestores, técnicos — a todos, enfim, que têm internalizado o conceito de educação continuada, tão relevante nesta era do conhecimento — insumos que, agregados às suas práticas, possam contribuir para sua especialização, atualização e aperfeiçoamento.

Clovis de Faro
Diretor do Instituto de Desenvolvimento Educacional

Ricardo Spinelli de Carvalho
Diretor Executivo do FGV Management

Sylvia Constant Vergara
Coordenadora das Publicações FGV Management

Introdução

A questão básica da gestão de marketing é identificar ou desenvolver as melhores ofertas aos seus diferentes mercados. Assim, pode-se pensar em termos de um processo de marketing com três objetivos, que são: criar ou identificar valor, desenvolver e entregar valor e alinhar pessoas aos valores.

Porém, não é fácil atender a esses objetivos, pois a sociedade e o ambiente de negócios estão em constante mudança, o que se justifica pela rapidez dos avanços tecnológicos, pelo processo de globalização, pela nova ordem econômica e pelo novo comportamento do comprador.

Crucial para uma boa gestão de marketing é a inteligência de negócios. Ao gestor dessa área compete identificar as oportunidades que se apresentam à organização, bem como as ameaças que ela deverá enfrentar na tentativa de cumprir os objetivos estabelecidos.

Num ambiente de negócios tão mutável e competitivo, é essencial que a organização defina claramente suas políticas de marketing. Nos últimos anos, muitas organizações adotaram uma política de marketing de massa, conseguindo assim aumentar significativamente sua participação no mercado.

O que se busca agora são políticas de marketing que priorizem a qualidade do relacionamento, optando por resultados de médio e longo prazos, porém mais sustentáveis e previsíveis. Para tanto são fundamentais as competências desenvolvidas pelas empresas, por seus colaboradores e parceiros.

Esses desafios serão vencidos com técnica e liderança. Por isso compete ao gestor de marketing exercer uma liderança lúcida e capaz de antecipar-se às tendências, reunindo colaboradores, parceiros e clientes em torno do mesmo processo de construção de valor.

Tendo em vista a formação desse gestor, procura-se neste livro esclarecer o processo pelo qual é possível desenvolver estratégias efetivas que permitam às organizações atender às necessidades e desejos dos clientes, dentro da ética e da legislação, bem como remunerar os acionistas de acordo com os padrões de mercado.

O livro está dividido em seis capítulos, além da conclusão. O primeiro descreve as mudanças que estão ocorrendo no ambiente de marketing e examina as demandas desse novo perfil de cliente, cada vez mais exigente em suas decisões de compra.

Para atender a esse mercado, o gestor de marketing deve estar apto a criar propostas de valor para os clientes e a desenvolver o marketing *mix* (composto de marketing) visando prestar os benefícios com o menor custo. Esses são os temas abordados nos capítulos 2 e 3.

Nos últimos anos, a padronização dos processos de produção tem tornado os produtos cada vez mais parecidos. Logo, o gestor de marketing deve incluir diferenciais em sua oferta de valor aos clientes, ampliando o conceito básico de produto mediante a agregação de serviços como assistência técnica, garantia, entrega, instalação e financiamento. O quarto capítulo mostra os conceitos, estratégias e táticas do marketing de serviços.

O capítulo 5 trata dos temas ligados ao planejamento de marketing: gestão estratégica, visão e missão da organização, análise dos ambientes interno e externo, ferramentas de análise do portfólio e definição dos objetivos e metas. Nele procuramos fornecer ao leitor insumos para a elaboração de um plano de marketing.

Por último, para fechar o ciclo da gestão de marketing, mostramos no sexto capítulo as ferramentas de implementação e controle das atividades de marketing.

1

Gestão de marketing como ferramenta competitiva

Processos de definição, desenvolvimento e entrega de valor

Segundo Branstad e Lucier (2001), a gestão de marketing tem por objetivos:

- criar ou identificar valor, produzindo inovações estratégicas em produtos, processos e modelagem de negócios, a partir de um profundo conhecimento do perfil e das demandas dos mais diferentes públicos e mercados;
- desenvolver e entregar valor, obtendo os resultados estratégicos esperados a partir de políticas de marketing consistentes;
- alinhar as pessoas aos valores criados, liderando e motivando os colaboradores e parceiros para a mudança e incentivando o alto desempenho com base em relacionamentos sustentáveis.

O que embasa todos esses três objetivos da gestão de marketing é o bom relacionamento com todos os públicos de interesse (*stakeholders*): clientes, fornecedores, intermediários, concorrentes, colaboradores e acionistas. Assim, a competente ação de marketing é que propiciará relações sustentáveis e rentáveis com todos os envolvidos.

Públicos de interesse

Segundo Kotler (2000), público é qualquer grupo que tenha interesse real ou potencial ou que possa ter algum impacto na capacidade da empresa ou organização para atingir seus objetivos. Cada público constitui o que é chamado de mercado. "Assim, há o mercado consumidor, o mercado de mão-de-obra ou o mercado de investidores. Pode-se considerar, para efeito de gestão de marketing, mercados de produtos ou serviços. Por exemplo, o mercado de computadores é constituído pelos compradores potenciais e efetivos desse produto" (Kotler, 2000:30).

Cada público avalia a conveniência ou não de aceitar as propostas apresentadas pela empresa ou organização. O público de clientes possivelmente estará interessado em produtos e serviços que apresentem melhor relação entre custo e benefício; o público de intermediários estará preocupado com a confiabilidade dos prazos de entrega; o público de acionistas, com o retorno do investimento feito em ações dessa ou daquela organização, e assim por diante.

A questão básica do marketing é, pois, identificar ou desenvolver as melhores ofertas para atender às expectativas dos diferentes públicos. A organização que melhor desenvolver uma oferta receberá a preferência e a fidelidade de seus clientes ou de seus acionistas. Certo? Nem sempre.

A dificuldade reside na vertiginosa rapidez das mudanças na sociedade em geral e no ambiente de negócios em particular. Veja-se o mercado consumidor, por exemplo. Os clientes, devido a uma exposição sem precedente aos meios de comunicação, estão se tornando céticos e perdendo referenciais de valores, de modo que os padrões de comportamento e as preferências deixam de ser tão previsíveis.

Hoje os clientes se deparam com uma vasta gama de escolhas entre produtos, marcas, preços e fornecedores diferentes. Como eles fazem suas escolhas? Essa é a questão inicial para qualquer ação de marketing. A premissa é que eles comprarão os produtos e serviços ou adotarão os conceitos das organizações que, a seu ver, entregarem maior valor.

Os clientes sempre tentarão maximizar o valor, dentro dos limites impostos pelos custos de procura e pelas limitações de conhecimento, mobilidade e receita. Eles criam uma expectativa de valor e agem de acordo com ela. A satisfação e a repetição da compra dependem do fato de a oferta satisfazer ou não essa expectativa de valor.

Valor total entregue ao cliente

Segundo Kotler (2000), o valor entregue ao cliente é a diferença entre o valor total para esse cliente e o custo total para o mesmo. O valor total para o cliente corresponde à soma de benefícios que ele espera receber pelo uso de um produto ou serviço, ou pela aceitação de um conceito. O custo total para o cliente é representado por todos os custos relacionados a avaliar, obter, utilizar e descartar o produto, serviço ou conceito.

A decisão de oferecer mais benefícios, de modo a aumentar o valor total entregue, é uma questão de gestão de marketing. Freqüentemente vale a pena oferecer vantagens iniciais para conquistar o cliente, pois com o tempo ele poderá tornar-se fiel.

Valor vitalício do cliente

Para Kotler, Jain e Maesincee (2002), as organizações devem pensar não só em fazer a venda, mas principalmente no valor vitalício do cliente, isto é, o valor presente do fluxo de lucros futuros decorrentes da soma das transações com os clientes ao longo do tempo.

Eis uma questão a ser respondida pelos gestores de marketing: como desenvolver e manter um relacionamento duradouro com os clientes, sempre oferecendo-lhes maior valor entregue?

A chave desse desafio reside na capacidade do gestor de marketing para prever as tendências e preferências dos clientes e para identificar os segmentos de mercado mais propensos a se tornarem fiéis aos produtos e serviços oferecidos pela empresa.

Janelas estratégicas

A inteligência de negócios é crucial para um bom gestor de marketing, que deve saber identificar as oportunidades que se apresentam à organização, bem como as ameaças que ela deverá enfrentar na tentativa de cumprir os objetivos estabelecidos.

Sempre haverá um momento certo para aproveitar as oportunidades ou superar as ameaças. Existem apenas breves períodos nos quais as necessidades do mercado e as capacidades da organização estão em sintonia: são as chamadas janelas estratégicas. O investimento deve ser programado para quando essas janelas estão abertas. Inversamente, deve-se considerar a possibilidade de desinvestimento tão logo essa sintonia ideal tenha desaparecido (Hooley & Saunders, 1996).

Inteligência de negócios

Segundo Hayash (2001), todas as atividades do processo de gestão de marketing dependem necessariamente de algum tipo de conhecimento de mercado. Um mundo em mudança exige constante coleta de informações para assegurar a capacidade de atender às demandas dos mercados e manter um relacionamento duradouro com os mais diferentes públicos.

Num ambiente assim, as estratégias tradicionais podem rapidamente tornar-se obsoletas. Os paradigmas de competitividade dos últimos 20 anos são cada vez mais inadequados, à medida que ingressamos na nova era da estratégia baseada no conhecimento. Daí a enorme importância de conhecer a fundo os mercados e seus públicos e de desenvolver as capacidades de aprendizado empresariais e organizacionais.

Após avaliarem-se as oportunidades e ameaças apresentadas pelo ambiente, as perspectivas setoriais e os recursos da organização, bem como seus pontos fortes e fracos em relação à concorrência, cumpre formular a sua política de marketing, definindo os objetivos e as estratégias do plano de ação.

Paralelamente, serão identificados e selecionados os mercados-alvo e definidos os posicionamentos[1] competitivos dos produtos, serviços ou marcas da organização em cada um desses mercados.

Contexto globalizado de negócios

Os mercados estão se tornando cada vez mais globais, e nenhum negócio, seja ele grande ou pequeno, está a salvo da concorrência internacional. A tecnologia tem facilitado o acesso aos produtos, e os clientes potenciais estão cada vez mais cientes da existência deles.

---

[1] Posicionamento competitivo, um conceito central do marketing, é a declaração dos mercados-alvo almejados pela empresa e do diferencial competitivo nesses mercados, ou seja, como a empresa irá competir (Hooley, Graham & Saunders, 1996:39). Segundo Kotler (2000:321), a empresa desenvolve seu posicionamento a partir da oferta e de uma imagem que ocupa em lugar destacado na mente do cliente-alvo.

Os anos 1990 se caracterizaram pela formação de gigantescos mercados de âmbito mundial e pela busca de economias de escala na produção, no marketing e na distribuição. Tudo isso contribuiu para uma significativa redução dos custos, criando assim grandes problemas para os concorrentes que não operaram em escala mundial.

Mas, no início do novo milênio, a redução da taxa de crescimento econômico atingiu a maioria das economias desenvolvidas, trazendo inúmeras conseqüências. Ainda se discute se essa é uma crise passageira — relacionada a sentimentos subjetivos de incerteza quanto ao futuro, principalmente após os ataques terroristas de 11 de setembro de 2001 — ou de caráter mais estrutural. Embora não haja dúvida de que o crescimento ocorre em ciclos, tudo indica que é pouco provável que as economias desenvolvidas voltem a desfrutar das altas taxas de crescimento observadas nos anos posteriores à II Guerra Mundial.

Muitas organizações terão de aprender a conviver com um pálido crescimento em mercados outrora pujantes. Enquanto no passado os objetivos de crescimento dominavam o pensamento gerencial, agora outros critérios começam a se tornar mais importantes. Isso explica o interesse crescente pelas estratégias e ações de marketing de relacionamento.

O argumento contrário à tese da globalização é que os mercados estão, de fato, se tornando mais fragmentados, com clientes mais preocupados em expressar sua individualidade do que em comprar bens produzidos e vendidos de modo padronizado.

Processo irreversível da globalização

Eis uma questão crucial cuja resposta vai determinar futuras decisões no âmbito da gestão do marketing: a globalização é irreversível? Há quem considere que a globalização, mais do que vetor dos acontecimentos, é um estado resultante de alguns fatores e situações como os descritos a seguir.

Ideologia do livre-comércio

Os obstáculos ao livre-comércio vêm sendo gradualmente eliminados graças a uma nova concepção ideológica segundo a qual ele enriquece as nações e obriga as organizações protegidas pela reserva de mercado a reagir para sobreviver, participando do processo de globalização.

Essa nova ideologia começou a firmar-se logo após o final da II Guerra Mundial, quando se constatou a necessidade de criar uma nova ordem econômica na qual as demandas por espaços vitais de comércio não mais fossem resolvidas por terríveis conflagrações.

Os países vitoriosos propuseram um sistema que privilegiasse a cooperação internacional planejada, a disciplina dos sistemas econômicos e monetários e, principalmente, a abertura dos mercados de modo a promover o desenvolvimento e a prosperidade entre as nações. Instituições como o Fundo Monetário Internacional (FMI) e fóruns internacionais como o Acordo Geral de Tarifas e Comércio (General Agreement on Tariffs and Trade, Gatt) deram suporte à consolidação da nova ordem, cujas conseqüências diretas foram a abertura dos mercados, a integração dos países em blocos econômicos e o crescente poder da corporação transnacional.

Diminuição das distâncias culturais e geográficas entre os países

Graças ao desenvolvimento das telecomunicações, das infovias e dos transportes, os países e as sociedades estão expostos às mesmas fontes de informação e se tornam mais homogêneos, surgindo como atores da nova economia, seja como fornecedores ou como clientes da produção globalizada.

Aceleração da transferência tecnológica

A produção e a comercialização da tecnologia não são mais uma questão de soberania nacional, como o eram nos tempos da Guerra Fria. Hoje, para operar globalmente, não importa a origem da tecnologia, do capital, da matéria-prima ou do trabalho, desde que o custo seja baixo e a qualidade alta.

Criação de riqueza com base na velocidade do tempo

Com a redução das distâncias entre os mercados e a aceleração da transferência tecnológica, o mundo está dividido entre os rápidos e os lentos. Nas economias avançadas, a alta tecnologia acelera a produção, o ritmo das transações e o aparecimento de novas idéias, graças a maiores investimentos em pesquisa e ao fluxo de capitais, o que torna a velocidade, em si, geradora de riqueza.

Difusão de padrões mais altos de qualidade

Os mercados mais informados podem exigir mais qualidade, donde a necessidade de desenvolver estratégias que permitam a empresa desenvolver um padrão de qualidade em nível global, mesmo que atue em mercados locais.

Conseqüências do processo de globalização

Quer se aceite ou não a tese da globalização, parece evidente que os próximos anos continuarão a caracterizar-se pela intensa competitividade, pelas exigências de adaptação de produtos e serviços, pela produção em pequenos lotes e a diminuição do ciclo de vida dos produtos, pela menor fidelidade dos clientes e sua crescente profissionalização, pela menor confiabilidade dos fornecedores, que deverão buscar certificações de diferentes instituições, e pela interferência de governos e entidades nos negócios da iniciativa privada.

Em suma, eis algumas das conseqüências do fenômeno da globalização na área dos negócios:

- intensificação da concorrência local e internacional, com diferentes empresas atuando em novos segmentos;
- profusão de novos produtos e conseqüente redução de seu ciclo de vida;
- crescente percepção da semelhança entre os produtos, devido à aceleração da transferência tecnológica e à rapidez dos lançamentos;
- maior insatisfação do cliente, cada vez mais sensível à relação custo/benefício;
- alta dos custos de comunicação e promoção e queda de sua eficiência.

Finalmente, constata-se que a busca de competitividade não mais se orienta pelos mercados e clientes, mas pelas oportunidades e necessidades do negócio. Afinal, mercados e clientes estão em qualquer parte do planeta, e as fronteiras nacionais deixaram de ser obstáculos ao crescimento das organizações.

Economia digital: conhecimento do ambiente tecnológico

Outro fator que exige das organizações maior apuro na sua gestão de marketing é a redução do prazo de comercialização das novas invenções, provocada pelo avanço tecnológico. Por exemplo, mais de 100 anos decorreram entre a invenção da fotografia e sua viabilização comercial. O telefone levou 56 anos para ser comercializado; o rádio, 35 anos; a televisão, 12 anos; e o transistor, apenas três anos.

Essa redução do prazo de comercialização, por sua vez, encurtou o ciclo de vida dos produtos, que agora se tornam obsoletos muito mais rapidamente. Com o advento da economia digital, baseada na tecnologia da informação, alguns setores ou indústrias desaparecem quase da noite para o dia. No início dos anos 1970, por exemplo, a calculadora de bolso destruiu o mercado da régua de cálculo, e o relógio digital causou sérios problemas para os relojoeiros suíços.

A alta tecnologia exerce um grande impacto sobre aspectos específicos da gestão de marketing. Sem dúvida, graças à tecnologia, nossa vida ficou mais prática, porém mais sofisticada e mais cara também. Há menos de 15 anos, celulares, Internet de alta velocidade, TV a cabo, exames de medicina preventiva e novas drogas contra a dor, o estresse ou a disfunção erétil não passavam de possibilidades ou eram pouco acessíveis à população em geral. Hoje esses produtos e serviços fazem parte de nosso cotidiano e têm um preço.

Conhecimento do ambiente econômico: exclusão das preferências

A gestão de marketing deverá atuar sobre um conceito que começa a fazer sentido: a exclusão dos mercados. A exclusão mais debatida é aquela provocada pelo reduzido ou insignificante poder de compra. Esse fator já elimina a maioria da população mundial do ciclo regular de oferta de produtos e serviços industrializados.

Mas outro tipo de exclusão, pouco discutido, é o provocado por outros fatores que caracterizam a modernidade. Por exemplo, para uma produção mundial estimada em 70 milhões de carros por ano, há pelo menos 60 milhões de clientes e outros 10 milhões que optaram por outras prioridades, como educação ou viagens. No fundo de nossos oceanos encontram-se instalados milhares de quilômetros de cabos de fibras óticas esperando para transmitir comunicações de dados, áudio ou vídeo que simplesmente ainda não existem.

As companhias aéreas, com raras exceções, estão deficitárias por falta de passageiros, porque estes optaram por outra atividade, como videoconferência, ou cancelaram suas viagens devido à escalada do terrorismo, bem como outros transtornos. Enquanto isso, as companhias de telefonia lidam com milhares de usuários inadimplentes ou que deixam seus celulares em casa. O mesmo acontece com a indústria farmacêutica, que não sabe o que fazer para vender mais remédios numa conjuntura em que, apesar de tudo, a saúde pública de prevenção está tornando mais saudáveis as populações e controlando inúmeras doenças e epidemias.

O principal problema econômico, neste início de milênio, é o excesso de oferta na maioria dos setores de atividades em todo o mundo. Escassos são os compradores, não os produtos (Kotler, 2000).

As organizações devem reconhecer que a preferência do cliente é mais uma questão de prioridades do que simples exercício da escolha. A idéia de que o concorrente não é somente o fabricante de produtos ou o prestador de serviços similares já era conhecida pelos gestores de marketing. Por exemplo, alguém pode preferir ler um bom livro a sair para comer; nesse caso, livrarias e restaurantes são concorrentes.

Mas o que acontece hoje em dia é que as escolhas já não são tão simples como antes. Produtos e serviços são oferecidos como se fossem indispensáveis. Uma pessoa moderna e bem-sucedida não pode dispensar o celular, o computador, o *fitness* ou o curso de inglês, sob pena de ficar para trás.

O gestor de marketing deverá traçar estratégias de comunicação considerando o esforço das demais organizações para obter um quinhão do exaurido orçamento do cliente. Essa situação independe do poder de compra.

Para clientes de baixa ou alta renda, sempre haverá produtos e serviços que se apresentam como essenciais ao seu respectivo padrão de vida. Para um *office-boy*, a prioridade pode ser o tênis de grife; para a família de classe média, pode ser o novo carro popular para o filho que ingressou na faculdade; para o cliente de alta renda, pode ser a temporada anual num *spa* da moda, sob pena de não ser feliz. O marketing tem o desafio de lidar também com a exclusão das preferências.

Conhecimento do cliente: as demandas dos mercados atuais e futuros

Nem sempre é fácil compreender as necessidades e os desejos dos clientes. Muitos têm necessidades das quais não estão inteiramente cientes; outros não conseguem manifestar essas necessidades; outros, ainda, empregam palavras que requerem interpretação. Por exemplo, que quer dizer o cliente quando pede um carro "veloz", um aparelho de CD "poderoso", um perfume "suave", um vestido "sedutor" ou um serviço "surpreendente"?

Além disso, os clientes são notoriamente falhos em termos de antevisão. Há 10 ou 15 anos, quem pensaria em pedir telefones celulares, TVs digitais, aparelhos de CD, carros com sistemas de navegação a bordo, receptores manuais de posicionamento global por satélite (GPS), caixas eletrônicos automáticos ou compra *on-line* pelo *e-commerce*?

As necessárias informações sobre os clientes podem ser agrupadas de maneira geral em informações atuais e futuras. As mais importantes questões relativas aos clientes atuais são: quem constitui os mercados-alvo principais? O que lhes proporciona valor? Como os atrair e servir melhor? O que os diferencia, quais são seus critérios de decisão de compra? Para o futuro, contudo, também é preciso saber como os clientes mudarão, quais os novos clientes a conquistar e como conquistá-los.

O ponto de partida é definir quem são os clientes atuais. A resposta nem sempre é óbvia, pois existem muitos agentes que interferem na compra e no uso de um produto ou serviço específico. Os clientes não são, necessariamente, os usuários.

Um importante impacto causado pela globalização é que em boa parte do mundo os clientes vão-se tornando muito semelhantes em estilo e comportamento. Segundo pesquisa recente, é possível identificar algumas características comuns do cliente global que influenciam o modo como as organizações fazem seus negócios.

- comprando divertimento — a maioria dos clientes nos mercados ocidentais vê o ato da compra como algo divertido, prazeroso; por exemplo, para 60% das mulheres de médio e alto poder aquisitivo, fazer compras é a atividade preferida durante o tempo livre; mas elas dizem não ter muito tempo livre para o lazer;
- todos gostam de barganha — outra característica do cliente global é seu gosto pela barganha; na pesquisa citada, 68% afirmaram gostar de ler anúncios de ofertas de suas lojas preferidas; muitos preferem ir direto a lojas que oferecem preços baixos todo dia; um dado impressionante é que 82% dos entrevistados disseram comprar eletrodomésticos durante promoções;
- visitas a *shopping* — o *shopping* sofre uma queda no número de freqüentadores e no tempo médio gasto nas visitas; o cliente global, com exceção de adolescentes e idosos, com menor poder aquisitivo, parece comportar-se mais objetivamente em suas saídas às compras, gastando menos tempo e procurando barganhas (produtos de valor) num ambiente divertido;

❏ a casa é o melhor lugar — cresce a preferência pela compra por catálogo, *shopping* eletrônico ou porta-a-porta; esse sistema é usado por empresas como Avon, Tupperware, Natura e Hermes, atendendo à tendência de se ficar em casa por problemas de trânsito, insegurança e falta de tempo;
❏ democracia da economia — o novo comportamento não é uma exclusividade das classes com menor poder aquisitivo; hoje, muitos clientes das classes altas também procuram boas ofertas e valor para suas compras;
❏ nova demografia — além de ter um comportamento mais cuidadoso, o cliente também mudou em termos demográficos; nas principais sociedades ele é, em média, mais idoso, e mais mulheres têm seu próprio rendimento, o que as torna alvo das ações de marketing das empresas; surgem famílias não-tradicionais, com menor número de filhos; por outro lado, muitos filhos saem de casa e passam a viver sozinhos; segundo o IBGE, também no Brasil se observam essas tendências.

A era da competição

A crescente concorrência, tanto interna quanto externa, é a regra do jogo na maioria dos mercados. À medida que os concorrentes se tornam mais capazes de identificar e explorar novas oportunidades de mercado, a organização se vê diante da necessidade de aperfeiçoar cada vez mais as suas atividades de marketing.

A médio prazo, a análise da concorrência deve concentrar-se nas organizações do mesmo grupo estratégico[2] da orga-

---

[2] Um grupo estratégico compõe-se de empresas de um mesmo setor que seguem estratégia igual ou semelhante, focada em clientes similares ou grupo de consumidores. A Coca-Cola e a Pepsi, por exemplo, formam um grupo estratégico no setor de refrigerantes.

nização em questão. Contudo, a longo prazo é perigoso ater-se a uma análise tão restrita. É preciso examinar o setor como um todo para identificar concorrentes que sejam capazes de vencer as barreiras de entrada nesse grupo estratégico. Mesmo sendo grandes as barreiras, se o grupo estratégico a que pertence a organização apresentar grandes lucros ou potencial de crescimento superior ao resto do mercado, provavelmente atrairá novos participantes.

A análise da concorrência configura, portanto, uma série de círculos concêntricos de adversários: na parte central estão os concorrentes diretos num grupo estratégico; a seguir, vêm as organizações dispostas a superar as barreiras de entrada criadas pelas empresas do grupo estratégico; na parte externa estão os participantes potenciais e os substitutos.

Consideremos agora o canal de distribuição constituído por fornecedores, intermediários e outras empresas envolvidas na oferta de produtos e serviços. Nos últimos anos, o equilíbrio de forças entre os elementos do canal de distribuição deslocou-se para o setor varejista, aumentando o conflito potencial entre os fornecedores. Isso aconteceu porque o varejo está mais próximo do mercado final e, portanto, dispõe de melhores informações sobre o cliente.

Além disso, com a diminuição dos índices de crescimento dos mercados dos países afluentes, o fornecedor ficou, de modo geral, dependente do canal de distribuição. Assim, tornou-se essencial conhecer os métodos empregados na tentativa de dominação dos mercados pelo canal de distribuição, a fim de identificar a natureza e a causa dos conflitos ao longo desse canal.

Muitos dos chamados programas de parceria ou de relacionamento são, na verdade, mecanismos de dominação para a obtenção de vantagens e podem provocar conflitos de interesse. Algo que em princípio deveria favorecer o aumento de vendas pode, na prática, levar a um desgaste entre a organização e o cliente.

Por outro lado, fatores tais como mercados em rápida transformação, matrizes complexas de tecnologia, escassez de aptidões e recursos, e clientes mais exigentes apresentam-se às empresas como novos desafios que estão fazendo surgir uma nova maneira de gerir o marketing.

A era da colaboração estratégica das redes de negócios

A era da competição pode-se transformar numa era de colaboração estratégica, com ênfase crescente nas estratégias de construção tanto de relações verticais ao longo do canal de distribuição quanto de relações horizontais na forma de alianças e *joint ventures*. Isso porque as organizações sozinhas não terão condições de fazer face às tremendas exigências impostas pela nova natureza da competitividade.

Essas novas relações baseadas em clientes, fornecedores, distribuidores e até mesmo concorrentes estão originando uma série de novos modelos organizacionais comumente classificados como redes, cujos membros podem constituir empresas virtuais.

As parcerias, as alianças estratégicas e as redes de marketing são reflexo dessa tendência. De certo modo, essa é a outra face do marketing de relacionamento. Existe uma necessidade de gerir os relacionamentos com os colaboradores e parceiros.

As redes de negócios são complexas e podem mudar com mais freqüência do que os canais de distribuição tradicionais. Normalmente as operações em rede são guiadas por informações sofisticadas e por sistemas de apoio à decisão, freqüentemente globais em seu enfoque, que cumprem muitas das funções de comando e controle da organização hierárquica convencional. As organizações tendem a ser verticalmente desintegradas. Funções tipicamente englobadas numa só empresa serão desempenhadas de maneira fragmentada, em organizações associadas porém independentes.

Segundo Don Tapscott (2001), as redes de negócios diferenciam-se em duas dimensões principais: controle (auto-organizado ou contratado) e integração de valor. A partir dessas duas dimensões, surgem quatro padrões de redes de negócios:

- ágora[3] — são redes nas quais compradores e vendedores se encontram para negociar livremente e atribuir valor aos bens; têm baixo nível de controle e baixo índice de integração; tal como nos *sites* de barganha da Internet (por exemplo, Ibazar e Lokau.com), existe uma cadeia não-horizontal cujo núcleo (o *site*) controla de longe, apenas eticamente, os demais *players* eletrônicos (anunciantes e compradores) no processo de distribuição do item adquirido; outros bons exemplos são a feira livre e o mercado popular;
- licença e franquia — são redes nas quais uma empresa lidera hierarquicamente, posicionando-se como intermediário agregador, como é o caso das franquias; o agregador idealiza o modelo de negócios, seleciona os produtos e serviços oferecidos, fixa preços, enfim, fiscaliza todo o processo;
- aliança — são redes onde há grande integração porém pouco controle sobre as organizações constituintes, como é o caso dos programas de milhagem;
- cadeia de valor — são redes altamente integradas e de valor agregado, nas quais há rígido controle dos provedores do serviço, como é o caso da telefonia celular; outro exemplo é a Amazon.com, *site* norte-americano de *e-commerce* que necessita de uma integração cronometrada entre os fabricantes, o próprio *site* e um distribuidor (o entregador das encomendas).

---

[3] O termo "ágora" originalmente se refere à praça das antigas cidades gregas, na qual se fazia o mercado.

Empresas como a ALL Logística, no Brasil, a UPS, a DHL e a Federal Express já estão formando parcerias para viabilizar esse ideal, oferecendo qualidade confiável e excelência em pontualidade. Esses nomes começam a ganhar prestígio e destaque global, além de muita receita, obviamente. Assim, o controle é rigoroso, pois é exercido pelo cliente e pela rede, que checam a precisão e qualidade da entrega.

A tarefa do gestor de marketing consiste, pois, em buscar o melhor posicionamento para a organização, tendo em vista a configuração de sua rede de negócios.

2

Desenvolvimento da proposta de valor

Clientes e organizações buscam nos produtos e serviços soluções para as situações em que estejam envolvidos. Furadeiras, automóveis, medicamentos, consultas médicas e consultorias são bens e serviços com características distintas, que serão atraentes na medida em que satisfaçam as necessidades e os desejos dos clientes.

A evolução dos mercados e a proliferação dos concorrentes contribuem para reduzir a capacidade dos clientes para distinguir as diversas opções e escolher aquela que mais lhes convenha no momento.

As organizações precisam criar e apresentar uma proposta que atenda realmente às necessidades do cliente, de modo a facilitar a sua escolha e proporcionar-lhe o máximo valor possível.

Natureza e estrutura do valor para o cliente

Valor consiste na avaliação subjetiva, pelo cliente, de um conjunto de benefícios recebidos em troca dos custos incorridos para escolher, adquirir, utilizar e descartar um produto ou serviço oferecido, levando em consideração as ofertas e os preços da concorrência.

Tal definição (Iacobucci, 2001) implica que o valor para o cliente é perceptivo, contextual e multidimensional. Em outras palavras, ele escolhe um produto após compará-lo a outros em termos de benefícios econômicos, técnico-funcionais e psicológicos. O quadro 1 mostra as características do valor para o cliente e os tipos de benefícios esperados.

Quadro 1
CARACTERÍSTICAS DO VALOR E BENEFÍCIOS ESPERADOS PELO CLIENTE

Características do valor para o cliente	Benefícios do produto
❏ Perceptivo — varia conforme a percepção do cliente. ❏ Contextual — varia conforme a situação de compra e as alternativas disponíveis. ❏ Multidimensional — os clientes avaliam os benefícios em termos econômicos, técnico-funcionais e psicológicos.	❏ Valor econômico — qualidade/preço; se o cliente considera similar a qualidade de produtos concorrentes, escolhe o mais barato por economia. ❏ Valor funcional — características tangíveis (atributos, *design*, durabilidade, aplicações). ❏ Valor psicológico — características intangíveis, tais como marca, confiança, reputação, relacionamento, experiência.

Assim, do ponto de vista do cliente, o valor da oferta pode ser sintetizado pela seguinte equação:

$$\text{Valor percebido} = \frac{\text{Benefícios percebidos}}{\text{Custos percebidos}}$$

Entendemos aqui por benefício qualquer coisa que os clientes acreditam estar recebendo na proposta de valor. Por exemplo:

❏ benefícios do produto — características, estilo, marca, garantia, durabilidade, facilidade de uso, imagem, prestígio;

- benefícios dos serviços — confiabilidade, amabilidade e empatia dos funcionários;
- benefícios emocionais/experiência — atmosfera/decoração da loja, promoção na loja, propaganda, publicidade.

Custo é qualquer coisa que os clientes acreditam devem dar em troca dos benefícios. Por exemplo:

- custo monetário (preço) — preço de varejo, impostos de vendas, despesas de entrega e manutenção;
- custos não-monetários — tempo, esforço, risco, custos de oportunidade.

De modo geral, os clientes são maximizadores de valor, porém limitados por fatores como custos, conhecimento das opções e possibilidade de acesso a elas, renda disponível etc.

Benefícios recebidos pelo cliente

Os benefícios recebidos pelo cliente estão mais diretamente associados ao elemento produto do composto de marketing[4] (marketing *mix*) e advêm da qualidade dos produtos ou serviços da organização, incluindo-se aí instalação, entrega, treinamento ou condições de pagamento a prazo. A qualidade dos serviços prestados aos clientes depende de quão confiável é para eles a organização, bem como de certas características de seus funcionários, como amabilidade e empatia.

Outros benefícios decorrem da própria experiência de compra (Pine II & Gilmore, 1999) e têm a ver com fatores como atmosfera e decoração da loja, *merchandising* nos pontos-de-venda (por exemplo, *displays*, demonstrações e desfiles de moda)

---

[4] Conjunto de instrumentos de marketing (produto, preço, ponto-de-venda e promoção) que a organização utiliza para atingir seus objetivos no mercado-alvo.

ou mesmo promoções fora da loja (por exemplo, propaganda e publicidade para informar os clientes sobre o produto). As atividades promocionais são também responsáveis pelas características de imagem e prestígio que fazem parte da qualidade percebida do produto.

Custos para o cliente

Os custos para o cliente incluem tudo aquilo de que ele abre mão para obter os benefícios oferecidos pela organização. O custo mais óbvio é o preço do produto, incluindo quaisquer impostos sobre a venda ou despesas adicionais, como serviços de entrega e instalação.

Porém, há custos não-monetários menos óbvios, como o tempo e o esforço despendidos para encontrar e comprar os produtos desejados. Esses custos estão diretamente relacionados às atividades de distribuição da organização. Para reduzir o tempo e o esforço exigidos para a compra de seus produtos, a organização pode torná-los mais acessíveis, donde o crescimento do varejo sem loja.

Outro custo não-monetário, o risco percebido, pode ser reduzido mediante a oferta de garantias. Fabricantes de televisores, equipamentos e automóveis, assim como varejistas, procuram reduzir o risco oferecendo garantias excepcionais e direito de devolução ou troca de mercadorias. O custo não-monetário final, o custo de oportunidade, decorre da avaliação pelo cliente das alternativas preteridas na escolha do produto e portanto é mais difícil de ser controlado pela organização. Algumas organizações tentam reduzir o custo de oportunidade promovendo seus produtos como os melhores ou prometendo um bom serviço pós-venda, mas para tanto é necessário conhecer as ofertas de todos os concorrentes.

Competição pelo valor

A decomposição do valor em partes permite entender melhor como uma estratégia de marketing é capaz de otimizar o valor recebido pelo cliente. Ao alterar cada elemento do composto de marketing, a organização pode melhorar o valor quer aumentando o preço do produto ou serviço, quer reduzindo os encargos monetários e não-monetários.

Diferentes organizações de varejo fornecem bons exemplos de como o valor pode ser entregue, alterando-se uma ou mais partes da equação de valor. As lojas de conveniência oferecem valor aos clientes reduzindo os custos não-monetários (tempo e esforço) e aumentando os preços. Essas lojas permanecem no negócio porque muitos clientes às vezes valorizam seu tempo e esforço mais do que o dinheiro. Em tais situações, um litro de leite comprado numa loja de conveniência pode ser percebido como tendo valor igual ou maior do que outro comprado num grande supermercado por preço inferior. Os clientes que procuram produtos de grife ou de melhor qualidade podem considerar seus custos não-monetários de menor importância e estar dispostos a gastar muito dinheiro ou percorrer longas distâncias para obter tais produtos.

Obviamente, mercados-alvo diferentes terão percepções de valor também diferentes. O gestor de marketing deve conhecer as exigências de valor de cada mercado-alvo e adaptar o marketing *mix* a essas exigências. Do ponto de vista estratégico, todos os quatro elementos desse composto são importantes para proporcionar valor. As decisões estratégicas sobre um elemento isolado mudam o valor percebido para melhor ou para pior. Se essas decisões reduzirem o valor global, o gestor de marketing deve considerar a modificação de outros elementos do composto de marketing para compensar essa redução.

Algumas proposições (Iacobucci, 2001) para criar um novo produto ou ampliar a proposta de valor são:

- reduzir o custo geral para o cliente, bem como o tempo por ele gasto na compra, tornando-a, além de conveniente, uma experiência agradável e divertida;
- aumentar o custo, para o cliente, de mudar para a concorrência e criar programas de fidelidade que retenham clientes quando do lançamento de um novo produto; o aumento do custo para a mudança também permite às organizações aumentar, com o tempo, o preço praticado;
- considerar a padronização nos aspectos que não sejam fatores determinantes de escolha para os clientes-alvo;
- focalizar a experiência total de cada cliente — antes, durante e depois que o produto é comprado e usado — e estudar a personalização dos aspectos que influenciam a opção do cliente;
- priorizar as inovações, levando em consideração economias de escala, escopo e habilidades, a fim de obter liderança de produto/mercado.

Do ponto de vista organizacional, é importante considerar três disciplinas de valor:

- excelência operacional — a organização oferece valor superior, liderando o setor em preço e conveniência; atende a clientes que desejam serviços baratos, rápidos, confiáveis e de boa qualidade (por exemplo, McDonald's, Habib's e Dell Computer);
- intimidade com o cliente — a organização agrega um valor superior, segmentando com precisão seus mercados e modelando seus produtos e serviços para atender da melhor maneira possível aos seus clientes (por exemplo, a IBM dos anos 1970 e a Rede Pão de Açúcar do grupo CBA);

❏ liderança em produtos — a organização oferece valor superior, criando produtos e serviços cada vez mais modernos, que tornam obsoletos os dos concorrentes; serve a clientes que desejam qualidade, inovação, soluções atuais (por exemplo, 3M, Nike, Disney, Swatch, Microsoft, Sony, HP, Intel, Motorola e Brastemp).

Para sustentar uma posição competitiva no mercado, a organização deve ser excelente em pelo menos uma dessas três disciplinas, além de manter paridade com a concorrência nas demais.

Processo de desenvolvimento da proposta de valor

Uma vez definido o seu mercado-alvo, a organização precisa posicionar o seu produto nesse mercado, isto é, conseguir que ele ocupe na mente dos clientes um lugar distinto e desejável em relação aos produtos concorrentes. Isso pressupõe identificar possíveis vantagens competitivas — diferenciais — que permitam posicionar a proposta de valor na mente do cliente através do produto físico (atributos, desempenho, *design*, estilo), os serviços agregados, o atendimento ao cliente ou mesmo a marca ou a imagem da organização.

Porém, é preciso identificar as diferenças que sejam não apenas importantes para os clientes-alvo e compatíveis com o seu poder de compra, de modo a resultar em benefícios percebidos, mas também lucrativas para a organização. Por outro lado, convém que não sejam facilmente copiadas pelos concorrentes (Kotler, 2000).

É possível posicionar um produto com base em um ou diversos fatores de diferenciação, mas o posicionamento baseado em muitos desses fatores pode gerar confusão ou descrença entre os clientes. O quadro 2 apresenta algumas das possíveis variáveis de diferenciação:

Quadro 2
VARIÁVEIS DE DIFERENCIAÇÃO DE PRODUTOS

Produto	Serviços	Pessoal	Preço	Canal	Imagem
❏ Características	❏ Facilidade de pedido	❏ Competência	❏ Vantagem competitiva sustentável em custos	❏ Cobertura	❏ Símbolos
❏ Desempenho	❏ Entrega	❏ Cortesia	❏ Política de preço	❏ Competência	❏ Mídia escrita e audiovisual
❏ Conformidade	❏ Instalação	❏ Credibilidade	❏ Financiamento	❏ Desempenho	❏ Atmosfera
❏ Durabilidade	❏ Treinamento do cliente	❏ Confiabilidade			❏ Eventos
❏ Confiabilidade	❏ Assistência ao cliente	❏ Responsividade			
❏ Reparabilidade	❏ Manutenção e reparo	❏ Comunicação			
❏ Estilo	❏ Serviços diversos				
❏ *Design*					

Fonte: Adaptado de Kotler, 2000:310.

Em suma, o processo consiste em:

❏ direcionar cada produto para um grupo-alvo de clientes, desenvolvendo atributos que atendam às suas necessidades específicas;
❏ determinar a mensagem de propaganda mais adequada para atingir esses clientes;
❏ concentrar-se nos meios de comunicação que atinjam de forma mais eficiente esse grupo;
❏ utilizar os canais de distribuição mais adequados para levar o produto a esse grupo;
❏ desenvolver estratégias de preços específicas a cada grupo-alvo.

Os estágios do processo de desenvolvimento da proposta de valor podem ser assim resumidos:

❏ segmentação e determinação do mercado-alvo;

- geração de benefícios e atributos potenciais;
- seleção dos benefícios e atributos;
- avaliação do desempenho percebido da concorrência;
- identificação das vantagens diferenciais;
- desenvolvimento do posicionamento específico;
- desenvolvimento do posicionamento de nível de valor percebido;
- desenvolvimento da declaração de estabelecimento de alvo e posicionamento.

Segmentação e determinação do mercado-alvo

Uma organização não pode satisfazer todos os clientes de um mercado — pelo menos, não da mesma maneira. Cada organização deve estudar o mercado e escolher os segmentos a que pode atender, com lucro, melhor que os concorrentes.

Para tanto é necessário estimar o tamanho atual do mercado, identificar os concorrentes e respectivas participações, bem como o potencial de crescimento desse mercado.

Em seguida, é preciso separar os clientes em grupos, de tal forma que a necessidade genérica a ser atendida tenha matizes específicos, semelhantes para os membros de um mesmo grupo e diferentes para os demais. Essa divisão pode obedecer a critérios geográficos, demográficos, psicológicos ou comportamentais. Os segmentos resultantes dessa divisão devem ser avaliados segundo o tamanho, o potencial de crescimento e a atratividade em relação aos objetivos e recursos da organização.

Finalmente, são escolhidos um ou mais segmentos a serem atendidos (o mercado-alvo ou *target*), os quais serão objeto de estudos, planos e ações de marketing, envolvendo o posicionamento da oferta na mente do cliente em relação aos concorrentes. Cada segmento é analisado em suas atitudes, comportamentos, características demográficas e psicológicas, hábitos de mídia etc., associando-se ao mesmo um nome representativo.

Geração de benefícios e atributos potenciais

Trata-se de enumerar todos os benefícios e atributos que possam motivar o cliente na categoria de produto ou serviço em questão. Incluem-se aí todos os fatores pelos quais uma organização pode diferenciar sua oferta: produto, serviço, pessoal, preço, canal ou imagem.

Assim, elabora-se uma lista exaustiva de atributos e benefícios, tangíveis e intangíveis, que ofereçam oportunidades de inovação ou de diferenciação. Para tanto a organização pode levar a efeito pesquisas internas, varredura ou levantamento dos concorrentes na categoria. O quadro 3 mostra um exemplo dessa tarefa para um carro esporte.

Quadro 3
ATRIBUTOS E BENEFÍCIOS DE UM CARRO ESPORTE

Atributos	Benefícios
Tangíveis	**Tangíveis**
❏ Tem capota removível.	❏ Você vai adorar olhar para ele.
❏ Tem câmbio curto, transmissão com cinco velocidades.	❏ É seguro para se dirigir em alta velocidade
❏ É carro mais rápido nas ruas.	❏ É confortável para viagens longas.
Intangíveis	**Intangíveis**
❏ Mulheres bonitas adoram homens que dirigem este carro.	❏ É mais divertido de se dirigir.
❏ Pessoas bem-sucedidas compram este carro.	❏ Você vai ter uma sensação de independência e liberdade.
❏ É o carro preferido das pessoas com menos de 35 anos.	❏ Faz com que você se sinta e pareça mais jovem do que realmente é.

Fonte: Clancy & Krieg, 2002:165.

Seleção dos benefícios e atributos

Consiste em avaliar quão motivadora será cada uma das características para o mercado-alvo, do ponto de vista da escolha da marca ideal. Deve-se identificar o que os clientes realmente querem na categoria, não importa quão irreal ou despropositado isso seja. Faz-se uma relação mais limitada de benefícios e atributos, tangíveis e intangíveis, da marca ideal para esses clientes.

Avaliação do desempenho percebido da concorrência

Trata-se de avaliar como os clientes-alvo percebem o desempenho dos concorrentes em relação aos fatores selecionados, considerando o grau de importância por eles atribuído a cada fator.

No quadro 4 podemos observar que a Kodak alcança uma satisfação total dos clientes, maior que a Xerox e a Canon (ISC= 77, 75 e 62, respectivamente), obtendo alto desempenho nos três atributos principais para os clientes (cópias de alta qualidade; velocidade da copiadora; qualidade nos serviços).

Quadro 4
MEDINDO A PREFERÊNCIA DO CLIENTE

Exigências para satisfação dos clientes	Importância da exigência	Desempenho do fabricante Kodak	Xerox	Canon	Ideal
Cópias de alta qualidade	10	8	7	8	10
Velocidade da copiadora	9	9	7	7	10
Qualidade nos serviços	8	8	7	4	10
Rapidez na solução dos problemas	8	6	8	4	10
Preço e condições de pagamento	8	6	8	7	10
Facilidade de uso	7	9	8	7	10
Desempenho x Importância		*384*	*373*	*312*	*500*
ISC		77	75	62	100

Fonte: Kotler, 1999:85.
Obs.: A importância é classificada de 1 (sem importância) a 10 (muito importante); o desempenho é classificado de 0 (desastroso) a 10 (excelente); ISC é o índice de satisfação do cliente = Σ (desempenhos x importâncias)$_{fabricante}$ x 100/(desempenho x importância)$_{ideal}$.

Identificação das vantagens diferenciais

Consiste em identificar os fatores tangíveis e intangíveis que possibilitem conquistar uma posição melhor que a dos concorrentes perante os clientes-alvo.

Figura 1
RADAR DE DESEMPENHO

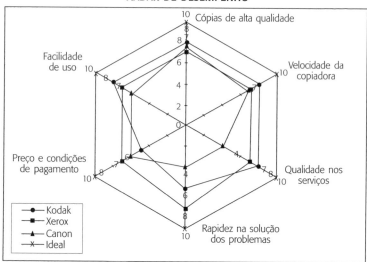

Na figura 1 pode-se verificar que a Kodak possui vantagem competitiva significativa em "velocidade da copiadora" e está em desvantagem quanto a "preço e condições de pagamento".

Desenvolvimento do posicionamento específico

Para os fatores identificados como fontes de vantagem diferencial, serão desenvolvidos conceitos de posicionamento específico. Deve-se identificar qual o posicionamento específico da oferta, em termos de características ou benefícios, como se vê no quadro 5.

Pode-se utilizar também a abordagem de liderança em algum aspecto relativo ao produto. Por exemplo:

- a melhor → *qualidade*
- o melhor → *desempenho*
- a maior → *confiabilidade*
- a maior → *durabilidade*
- a maior → *segurança*
- a maior → *velocidade*
- o melhor → *valor pelo preço pago*
- o menor → *preço*
- o maior → *prestígio*
- o melhor → *estilo ou projeto*
- a maior → *facilidade de uso*
- a maior → *conveniência*

Quadro 5
EXEMPLOS DE POSICIONAMENTO ESPECÍFICO

Posicionamento	Exemplo
Por atributo	Bohemia, a cerveja mais antiga
	Skol, a 1ª cerveja em lata do Brasil
Por benefício	Omo lava melhor
	Volvo, o mais seguro
Por uso/aplicação	Nike, o melhor tênis de corrida
	Gillette Mach 3, o melhor para barbear
Por usuário	Apple, o melhor para *designers* gráficos
Por oposição à concorrência	Kuat *x* Guaraná Antarctica
	Linux *x* Windows
Categoria	Kodak = filmes
	Xerox = copiadoras

Desenvolvimento do posicionamento de nível de valor percebido

Após definir a posição característica, é preciso determinar o posicionamento de nível de valor relativo da oferta. Os clientes pensam em termos de valor: o que adquirem pelo que pagam. Uma organização precisa ocupar uma posição em relação aos concorrentes em função do valor percebido pelo cliente, como exemplificado no quadro 6.

A partir de informações como essas é possível desenvolver planos estratégicos e táticos de marketing, compostos de marketing e outros tipos de planejamento.

Quadro 6
EXEMPLOS DE POSICIONAMENTO DE VALOR

Posicionamento de valor (benefícios por custos)	Exemplo
Mais por mais	Mercedes-Benz, Rolex, Mont Blanc
Mais pelo mesmo	Automóvel Picasso *x* Scènic
O mesmo por menos	Habib's *x* McDonald's
Menos por muito menos	Gol Linhas Aéreas, Rede Íbis de Hotéis
Mais por menos	Carrefour

49

Desenvolvimento da declaração de estabelecimento de alvo e posionamento

Consiste na elaboração do documento (Iacobucci, 2001) que resume os aspectos cruciais da estratégia de marketing que norteará a tomada de decisões sobre os elementos do marketing *mix*.

Esse documento de circulação interna deve ser compartilhado por todos aqueles que, de alguma forma, precisam saber quem é o alvo e o que induz os clientes a escolher a marca. De modo geral, deve responder às questões a seguir.

❏ Quem deve ser o alvo da utilização da marca?

Descrição dos clientes-alvo em termos de seus padrões de utilização atual, características demográficas, hábitos de consumo e estilo de vida.

❏ Quando a marca deve ser considerada?

Descrição das metas de consumo, envolvendo o conjunto de necessidades e desejos que se busca satisfazer com o produto, e a situação-problema que requer a sua compra.

❏ Por que a marca deve ser escolhida em detrimento de outras?

Descrição das vantagens diferenciais da marca, as quais levarão os clientes a preferi-la. Tais vantagens envolvem atributos e benefícios, tangíveis ou intangíveis.

❏ Como a escolha da marca ajudará o cliente-alvo a alcançar seu(s) objetivo(s)?

Descrição da ligação entre as vantagens diferenciais e os objetivos dos clientes-alvo.

A seguir, são apresentados dois exemplos de possíveis declarações de estabelecimento de alvo e posicionamento.

GOL LINHAS AÉREAS:
"Para passageiros que buscam valor pelo preço em viagens aéreas de curta distância, a Gol Linhas Aéreas inteligentes oferece vôos diários para as principais capitais do país, com tarifas baixas, sem abrir mão da excelência na qualidade do serviço."

BARBEADOR DESCARTÁVEL BIC:
"Para homens e mulheres que levam uma vida agitada e às vezes têm que se barbear ou depilar longe de casa, o barbeador descartável BIC oferece maior conveniência do que qualquer outro barbeador do mercado porque é barato e fácil de encontrar. Com ele você pode preocupar-se com aquilo que realmente precisa fazer e não perde tempo à procura de seu barbeador."

A avaliação da conformidade da declaração é subjetiva e, de modo geral, deve obedecer a três critérios.

- Substituindo-se a marca do concorrente pela sua, a declaração faz sentido mesmo assim? Se fizer, reveja o ponto diferencial afirmado.
- A declaração deixa bem claro que público-alvo compraria a marca, bem como quando o faria e o que motivaria essa compra?
- Fica claro por que o público-alvo deve considerar a marca uma idéia atraente? Se não, reveja a ligação entre as metas do cliente-alvo e os pontos diferenciais.

3

Desenvolvimento do mix de marketing

Uma vez definida a estratégia de posicionamento a partir da análise das oportunidades de mercado, a organização deve elaborar o *mix* de marketing. Como explicado no capítulo 2, trata-se do conjunto de instrumentos de marketing que a organização utiliza para atingir seus objetivos no mercado-alvo.

Entre as diversas formas de classificar os instrumentos de marketing, a mais conhecida foi proposta por McCarthy (1997) e denominada 4 Ps: produto, preço, praça (distribuição) e promoção (comunicação), como mostra o quadro 7.

Quadro 7
FERRAMENTAS DO MARKETING *MIX*

Produto[1]	Preço[2]	Distribuição[3]	Promoção[4]
❏ Variedade	❏ Lista de preços	❏ Canais	❏ Promoção de vendas
❏ Qualidade	❏ Descontos	❏ Cobertura	
❏ *Design*	❏ Reduções	❏ Sortimentos	❏ Propaganda

continua

Produto[1]	Preço[2]	Distribuição[3]	Promoção[4]
☐ Características	☐ Prazo de pagamento	☐ Localização	☐ Venda pessoal
☐ Marca		☐ Estoque	☐ Relações públicas
☐ Embalagem	☐ Crédito	☐ Transporte	
☐ Tamanhos	☐ Forma de pagamento (dinheiro, cheque, cartão de crédito, financiamento)	☐ Atacadistas	☐ Marketing direto
☐ Serviços		☐ Lojas de especialidade	
☐ Garantia			☐ *Merchandising*
☐ Devoluções		☐ Lojas de departamentos	☐ Amostras
			☐ Cupons
		☐ Supermercados	☐ Descontos
		☐ Hipermercados	☐ Pacotes promocionais
		☐ Lojas de conveniência	
			☐ Prêmios
		☐ Lojas de desconto	☐ Brindes promocionais
		☐ Lojas de fábrica	
		☐ *Franchising*	☐ Recompensa por preferência
		☐ Centro comercial	
		☐ *Shopping center*	☐ Promoções no ponto-de-venda
		☐ Marketing direto	
		☐ Venda direta	☐ Concursos, sorteios e jogos
		☐ Venda por máquina	
			☐ Jornais e revistas
			☐ Televisão e rádio
			☐ Mala direta
			☐ *Outdoor*
			☐ Marketing esportivo

Obs: [1] combinação de bens, serviços ou idéias que a organização oferece ao mercado-alvo; [2] quantia e formas de pagamento para os clientes obterem o produto; [3] atividades da organização que tornam o produto disponível para os clientes-alvo; [4] atividades que informam os atributos do produto e persuadem os clientes-alvo a adquiri-lo.

A composição do marketing *mix* depende fundamentalmente dos objetivos de marketing, do orçamento disponível e da contingência ambiental.

Produto

Produtos e marcas constituem o núcleo da estratégia de marketing. Uma definição restrita de produto focaliza apenas as características físicas ou funcionais de um bem ou serviço. Por exemplo, os clientes geralmente sabem muito pouco sobre as características técnicas da gasolina que compram, e muitos nem sequer a consideram um produto, mas um preço a pagar pelo uso do carro.

De fato, os produtos referem-se a um conjunto de características e benefícios na forma de bens, serviços, idéias e pessoas que têm a capacidade de satisfazer necessidades e desejos de clientes. Eis uma definição ampla de produto, baseada no benefício (funcional ou simbólico) oferecido ao cliente: "produto é algo que pode ser oferecido a um mercado para satisfazer um desejo ou uma necessidade" (Kotler, 2000).

O valor real de um produto deriva de sua capacidade de beneficiar a situação do cliente. Clientes não compram inseticidas, compram um local livre de insetos.

Níveis de produto

Produto ampliado é mais que um simples bem com determinadas características: inclui acessórios, assistência técnica, instalação, instruções para uso, embalagem, marca, garantia.

A figura 2 permite identificar os diversos níveis do produto:

Figura 2
NÍVEIS DO PRODUTO

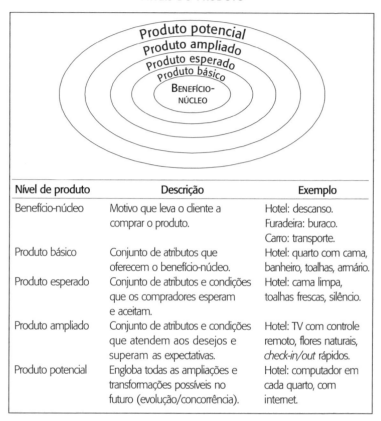

Nível de produto	Descrição	Exemplo
Benefício-núcleo	Motivo que leva o cliente a comprar o produto.	Hotel: descanso. Furadeira: buraco. Carro: transporte.
Produto básico	Conjunto de atributos que oferecem o benefício-núcleo.	Hotel: quarto com cama, banheiro, toalhas, armário.
Produto esperado	Conjunto de atributos e condições que os compradores esperam e aceitam.	Hotel: cama limpa, toalhas frescas, silêncio.
Produto ampliado	Conjunto de atributos e condições que atendem aos desejos e superam as expectativas.	Hotel: TV com controle remoto, flores naturais, *check-in/out* rápidos.
Produto potencial	Engloba todas as ampliações e transformações possíveis no futuro (evolução/concorrência).	Hotel: computador em cada quarto, com internet.

A concorrência atual está no nível de produto ampliado, mas as organizações precisam sempre estar trabalhando no nível de produto potencial para manter-se à frente dos concorrentes (inovações constantes).

Há que considerar se os clientes pagarão mais caro para cobrir os custos extras. Além disso, com o tempo os benefícios ampliados tornam-se benefícios esperados pelos clientes e, quando se aumentam os preços devido à ampliação, surgem oportunidades para concorrentes que não oferecem benefícios e têm preços mais baixos.

Classificação de produto

Produtos do mesmo tipo requerem abordagens de marketing semelhantes. Basicamente, existem dois tipos de classificação de produto, quanto à durabilidade e tangibilidade: produtos de consumo e produtos industriais.

O quadro 8 permite identificar os produtos de consumo e os industriais.

Quadro 8
DISCRIMINAÇÃO ENTRE PRODUTOS DE CONSUMO E INDUSTRIAIS

Produtos de consumo	Produtos industriais
Bens e serviços destinados a clientes ❑ *Produtos de conveniência* – máquinas e equipamentos comprados com freqüência e com mínimo esforço. ❑ *Produtos de escolha ou comparação* – comprados depois de se despender algum tempo e esforço comparando várias alternativas. ❑ *Produtos especializados ou de uso especial* – comprados com pouca freqüência, são únicos em algum aspecto e geralmente caros. Os clientes mostram-se mais dispostos a investir um esforço especial nessa compra. ❑ *Produtos não-procurados* – produtos que os clientes normalmente não procuram ou talvez não conheçam.	Compradores organizacionais compram matéria-prima, peças, para fabricar seus produtos, além de suprimentos e serviços para tocar seu negócio.

O quadro 9 mostra as características do marketing *mix* para produtos de consumo.

Quadro 9
CARACTERÍSTICAS DO MARKETING *MIX*: PRODUTOS DE CONSUMO

Discriminação	Produtos de conveniência comparada	Produtos de compra comparada	Produtos de especialidade	Produtos não-procurados
Exemplos	Pastas de dentes, sabão em pó, revistas.	Eletrodomésticos, televisores, móveis, roupas.	Produtos de luxo ou de marcas sofisticadas/prestígio.	Seguro de vida, doações, enciclopédias.
Comportamento de compra do cliente	Compra freqüente, pouco planejamento, pouca comparação ou esforço de compra, pouco envolvimento do cliente.	Compra menos freqüente, muito planejamento e esforço de compra, comparação das marcas quanto a preço, qualidade e estilo.	Fidelidade a marcas, esforços especiais de compra, pouca comparação de marcas, pouca preocupação com preço.	Pouco conhecimento do produto; havendo conhecimento, pouco ou nenhum interesse.
Produto	Marca, embalagem e rótulo são importantes para encorajar compras por impulso ou em busca de variedade.	Os atributos do produto ampliado (marca, instalações, atendimento, créditos, serviços) devem ser desenvolvidos.	A identificação da marca é fundamental, assim como os atributos do produto ampliado.	O benefício-núcleo é fundamental para despertar o interesse.
Preço	Preço baixo.	Preço baseado em valor.	Preço alto.	O preço deve ser competitivo para superar a resistência do cliente.
Praça/Distribuição	Distribuição intensiva, locais convenientes.	Distribuição seletiva em pontos-de-venda adequados e convenientes.	Distribuição exclusiva ou seletiva, em um ou poucos pontos-de-venda por área de mercado.	Distribuição varia caso a caso.
Promoção/Comunicação	Propaganda, promoção de vendas e *merchandising* são os elementos principais.	Propaganda, *merchandising*, venda pessoal, promoção de vendas, nesta ordem, são os elementos principais.	Propaganda, marketing direto, venda pessoal e relações públicas são os elementos principais.	Propaganda e venda pessoal agressivas para conscientização.

Fonte: Kotler, 1999:191.

Marca

Marca é um nome, termo, *design*, símbolo ou qualquer outra característica que identifique um produto ou serviço de um determinado vendedor. Sua finalidade é distinguir claramente esse produto ou serviço de outros oferecidos pela concorrência.

Do ponto de vista dos clientes, a marca é a síntese da experiência de valor vivida por eles em relação aos inúmeros produtos, serviços, organizações, instituições ou mesmo pessoas com os quais se relacionam. Representa um conglomerado de fatos, sentimentos, atitudes e valores que funciona como um facilitador na tomada de decisão, na medida em que os clientes esperam encontrar tal experiência de valor do produto naquela marca. Em suma, trata-se de uma promessa.

Branding (do inglês *brand*, marca) é o conjunto de atividades de marketing destinadas a otimizar a gestão das marcas, tornando produtos e serviços mais significativos para os clientes. O *branding* é orientado pela declaração de posicionamento desejado e implementado através das decisões relativas ao *mix* de marketing, norteadas pela predominância dos aspectos funcionais (ênfase no produto: por exemplo, Gillette, BIC), econômicos (ênfase no preço: por exemplo, sabão em pó Ala), de imagem (ênfase na comunicação: por exemplo, Coca-Cola, Nike) ou de experiência proporcionada (ênfase no ponto-de-venda e nos serviços/atendimento: por exemplo, TAM), tal como previstos na proposta de valor.

As marcas oferecem diversos benefícios aos produtos, entre os quais a fidelidade dos clientes, refletida no compromisso de comprar uma determinada marca por associá-la a uma determinada imagem ou conjunto de benefícios. Os profissionais de marketing podem usar a associação positiva dos clientes com relação a uma marca para promover outros produtos com a mesma marca. Extensão de marca e marcas de família são exemplos disso.

Dado esse valor, os profissionais de marketing se empenham em desenvolver e proteger o valor da marca por meio da marca registrada e de esforços estratégicos para melhorar a imagem da marca.

Tipos básicos de marcas

Os tipos básicos de marcas são:

- marca do fabricante (de propriedade e uso do produtor do bem ou serviço) — Nescau, Nescafé, Limpol;
- marca própria (de propriedade e uso do revendedor) — Aro (Makro), Carrefour (Carrefour), Matiá (Martins);
- marca genérica (que recebe o nome de sua classe genérica) — medicamentos genéricos como ácido acetil salicílico, alimentos embalados e rotulados apenas como feijão ou arroz.

Ao desenvolver uma estratégia de marca, os varejistas geralmente procuram oferecer simultaneamente marcas dos fabricantes, especialmente aquelas líderes nas diversas categorias, e marcas próprias ou genéricas, que costumam ser mais lucrativas do que as marcas do fabricante. Além disso, os varejistas têm maior controle sobre o preço e a promoção de marcas próprias ou genéricas.

Criação e seleção de uma marca

A criação e a seleção de uma marca envolvem: escolha do nome, construção de associações e construção de identidade. Cada um desses itens será discriminado a seguir.

- Escolha do nome

    A marca deve sugerir os benefícios proporcionados pelo produto ou serviço. Deve ser positiva, distintiva, fácil de lembrar e isenta de significados indesejáveis em outros idiomas. A marca nominal deve ser compatível com a imagem do produto ou serviço, e o nome deve ser legalmente permitido.

- Construção de associações

    Ao desenvolver uma marca, deve-se buscar estabelecer um conjunto de associações que tenham significado positivo e de valor para o cliente. Começa-se por analisar as idéias, coisas, situações e sensações que os clientes associam à marca, para verificar se são positivas ou negativas, bem como o grau de intensidade e exclusividade de cada uma delas. Feito esse diagnóstico, procura-se desenvolver um conjunto de associações positivas para a marca mediante a combinação de cinco dimensões possíveis:

    - atributos — lembrança dos atributos diferenciais (por exemplo, Natura — natural/qualidade);
    - benefícios — sugestão dos benefícios diferenciais (Natura — bem-estar);
    - valores da organização — conotação dos valores que a organização preza (Natura — ética, respeito);
    - personalidade — sugerir traços de personalidade, como se fosse um ser humano (Natura — alguém de bem com a vida);
    - usuários — sugerir os tipos de pessoas que compram a marca (Natura — pessoas com alto padrão de vida, preocupadas em cuidar da aparência e do bem-estar).

- Construção de identidade de marca

    O fortalecimento e a projeção da marca ocorrem ao longo dos contatos com o cliente. Os principais instrumentos utilizados para construir a identidade da marca junto ao cliente são:

    - palavra ou idéia principal (por exemplo, Volvo: segurança; FedEx: da noite para o dia; Kodak: filme);
    - *slogans* (Sedex: "Mandou, chegou"; Carrefour: "Tudo bem");

- cores (IBM: azul);
- símbolos/logotipos — porta-voz ou estrela-propaganda (Nike: Ronaldinho, Michael Jordan; C&A: Gisele Bündchen); personagem (Sedex: Papa-Léguas; Marlboro: caubói); desenho/símbolo/forma/tipologia (raio da Nike; as formas curvilíneas no nome e na embalagem da Coca-Cola);
- histórias favoráveis/inusitadas (SBT: criado por Sílvio Santos, que começou sua carreira profissional como camelô).

As idéias apresentadas pelos membros da organização são depois selecionadas pelos executivos e clientes. As organizações podem obter proteção legal para suas marcas registrando-as no Instituto Nacional de Propriedade Industrial (Inpi). Uma marca registrada ou marca de serviço dá a seu proprietário o direito exclusivo de uso. Normalmente evidencia-se esse direito usando o símbolo ® após a marca.

Decisões relativas a linhas de produtos e compostos de produtos

Os gestores de marketing devem considerar as relações existentes entre todos os produtos vendidos pela organização. Para administrar o composto de produtos, eles podem modificar, suprimir ou acrescentar produtos e linhas de produtos. Podem modificar qualquer aspecto de um produto, incluindo a embalagem e os serviços prestados aos clientes. Tais modificações são importantes quando um produto ainda é lucrativo, mas as mudanças ambientais ou internas podem desfavorecê-lo.

Os gestores de marketing às vezes precisam decidir acerca da interrupção da oferta de um produto. A decisão de descontinuar um produto deve basear-se numa série de critérios, tais como lucratividade projetada, obsolescência e ação de concorrentes mais fortes. Descontinuar um produto pode causar insatisfação entre os clientes e dispensa de funcionários.

Outra decisão importante diz respeito à adição de produtos. Uma boa maneira de incrementar as vendas é acrescentar novos produtos ao conjunto já existente. A organização pode fazer isso desenvolvendo produtos ou adquirindo o direito de comercializar produtos desenvolvidos por outros. Os novos produtos podem ser extensões de linha ou um produto inteiramente novo.

Este último deve trazer novidade em algum aspecto, como por exemplo: nova função; melhor desempenho de função existente; nova aplicação; funções adicionais; novo mercado (um produto existente é oferecido para novos mercados-alvo); custo mais baixo; produto existente integrado em outro produto; produto depreciado; novo estilo etc.

Etapas do desenvolvimento de um novo produto

Geração de idéias para novos produtos

Dessa etapa participam clientes, equipe de vendas, pesquisa e desenvolvimento, funcionários e fontes externas.

Avaliação de idéias de produtos

Para selecionar as idéias que levará adiante, a organização deve levantar as seguintes questões:

- a idéia de produto ajudará a alcançar os objetivos do departamento de marketing e da organização?
- a idéia de produto tirará proveito dos pontos fortes da organização?

Análise comercial

>Pela previsão de vendas e custos, o gestor de marketing decide se a idéia é comercialmente viável.

Desenvolvimento do produto e do composto de marketing

>Essa etapa envolve o projeto e o teste do produto.

Teste de mercado do novo produto

>O gestor de marketing põe o produto à venda numa área limitada e mede a reação;

Comercialização do novo produto

>A organização decide pôr o produto à venda e começa a produção, distribuição e promoção em grande escala.

Decisões sobre as características dos produtos

>Os profissionais de marketing têm várias decisões a tomar sobre as características do produto. Eis algumas delas:

- nível de qualidade — os clientes geralmente levam em conta o nível de qualidade do produto ao decidir sobre a compra de produtos novos e existentes. Usam-se oito critérios para determinar a qualidade: desempenho, recursos, confiabilidade, conformidade, durabilidade, serviços, estética e avaliação geral;
- características do produto — um fato ou especificação técnica referente ao produto. Os gestores de marketing selecionam as características dos novos produtos tomando por base o que os clientes querem que eles ofereçam;

- *design* do produto — o projeto de novos produtos fáceis de usar e com apelo estético é algo complicado mas serve para diferenciá-los. Um bom *design* de produto pode agregar valor e agradar aos clientes sem necessariamente custar mais;
- segurança do produto — a segurança é uma questão de ordem ética e prática no desenvolvimento de um novo produto;
- embalagem e rótulo para novos produtos — a embalagem serve a muitas finalidades que agregam valor para os clientes. Ela deve ser funcional, conveniente, segura e oferecer informações, podendo também servir para distinguir o produto de seus concorrentes. Para os gestores de marketing, a embalagem serve para alcançar determinados mercados e atender a certos desejos, necessidades ou preocupações dos clientes (por exemplo, o meio ambiente). O rótulo pode apoiar o trabalho de marketing promovendo o produto ou acrescentando valor aos clientes ao oferecer informações que os ajudem a escolher e utilizar o produto.

Gestão de preços

O preço tornou-se uma das variáveis de marketing mais relevantes. Apesar da crescente importância dos demais fatores no processo de marketing, o preço tem impacto no nível de vendas, na margem de contribuição propiciada pelo produto e, principalmente, na posição estratégica desse produto no mercado.

A principal questão a ser levada em conta na decisão sobre preços é o fato de que os clientes buscam benefícios e, para adquiri-los, admitem pagar um determinado preço.

O desafio para as organizações consiste em oferecer um pacote de benefícios, tangíveis e intangíveis, que seja atraente para o cliente e ao mesmo tempo estabelecer um preço que possibilite atingir o equilíbrio entre as necessidades do cliente, as alternativas concorrentes disponíveis e as metas de lucratividade da organização.

Objetivos de fixação de preços

Como veremos a seguir, quatro podem ser os objetivos de fixação de preços: lucratividade, volume de vendas, concorrência e prestígio ou posicionamento.

Lucratividade

Baseia-se na busca de um nível desejável de retorno sobre o investimento (ROI), lucro corrente e margem de contribuição, bem como da melhor forma de pagamento (à vista ou a prazo), entre outros objetivos financeiros. O preço será estabelecido tendo em vista a estrutura de custos e a estimativa de demanda do mercado.

Volume de vendas

Baseia-se na busca de um nível desejável de vendas. O preço é estabelecido para estimular a demanda e alcançar resultados em termos de *market-share* (participação de mercado) e nível ou crescimento de vendas, em unidades ou valor.

Concorrência

Baseia-se na busca de uma vantagem sobre os concorrentes, para neutralizar ou desencorajar a ação dos mesmos. O preço é praticado tendo em vista os preços dos concorrentes escolhidos.

Prestígio ou posicionamento

Baseia-se no estabelecimento de preço relativamente elevado para criar e manter uma imagem de qualidade e exclusividade que atraia clientes sensíveis à questão do *status*. Alternativamente, o preço pode ser usado para posicionar uma imagem desejada pela organização junto ao cliente, seja de parceira, líder no setor, razoável, agressiva ou popular.

Critérios de precificação

Precificação é a determinação do preço de um produto ou serviço, podendo-se para tanto empregar os métodos descritos a seguir.

Precificação baseada no custo e markup

O preço de um produto deve ser alto o bastante para cobrir o custo total de produção e comercialização. Os custos fixos permanecem os mesmos seja qual for a quantidade produzida, ao passo que os variáveis mudam juntamente com a quantidade produzida. Por esse método, acrescenta-se um percentual ao custo do produto para chegar a um preço de venda. Esse *markup* pode ser um percentual de custo que é cobrado de um revendedor, ou um percentual de preço de venda acrescentado ao custo para chegar ao preço de venda. Uma variante da precificação por *markup* consiste em somar uma quantia em moeda corrente, em vez de um percentual, para chegar ao preço de venda. Isso é conhecido como "precificação pelo custo mais". Esses métodos são freqüentemente utilizados pelos revendedores, pela sua simplicidade.

Precificação pela taxa de retorno

Esse método envolve a determinação dos custos totais e, em seguida, o acréscimo de uma taxa desejada de retorno para determinar o preço de venda. O gestor de marketing pode adicionar um percentual de retorno ou uma determinada quantia em dinheiro. Para aplicar a precificação pela taxa de retorno, soma-se o custo total ao ROI e divide-se esse valor pelo número de unidades.

Precificação baseada na concorrência

É possível resolver os problemas da precificação com base nos custos levando-se em conta a concorrência no momento de decidir o preço. Os gestores de marketing podem estabelecer preços menores ou iguais aos dos concorrentes ou mostrar que o seu produto é, de algum modo, superior. Para fixar preços acima da concorrência, é preciso saber quais componentes da equação de valor são cruciais para os clientes. Outra maneira de precificar com base na concorrência chama-se precificação por licitação. Nesse caso, o cliente pede a cada vendedor que estipule o preço para um produto e, supondo que o valor seja o mesmo em todos os lugares, escolhe o melhor preço. Essa prática é muito difundida no setor da construção civil.

Precificação baseada no valor para o cliente

A precificação perde relevância para clientes potenciais se estes não perceberem que estão obtendo valor em troca de seu dinheiro. Por isso as decisões de preço devem levar em conta as percepções do cliente quanto ao valor e ao preço. Os gestores de marketing devem descobrir o que os clientes esperam pagar e que faixa de preço consideram aceitável. Um conceito importante é o preço de referência. Este é o preço que os clientes comparam com o preço oferecido. Se um produto custar menos do que o seu preço de referência, eles perceberão valor, exceto nos casos em que o preço é diretamente associado à imagem do produto, seja pela qualidade, seja pela exclusividade de posse.

Demanda

A demanda de produtos é influenciada por diversos fatores, entre eles o preço. Cabe citar também a disposição dos clientes para comprar, a importância e o *status* do produto no estilo de vida do cliente, a percepção dos benefícios proporcionados, os preços dos substitutos e a saturação de oferta no mercado.

A análise da demanda implica estimar a relação entre os diferentes níveis de preço e a demanda. Essa relação é denominada elasticidade-preço da demanda ou sensibilidade ao preço. A curva de demanda para um produto mostra graficamente como a demanda dos clientes reage a uma série de preços possíveis. Geralmente, a inclinação da curva de demanda mostra-se descendente, numa relação inversa entre preço e demanda. Todavia, produtos de prestígio, tais como perfumes, jóias e roupas de grife, podem ter a curva de demanda ascendente, numa determinada faixa de preços.

Eis os fatores que afetam a sensibilidade ao preço:

- singularidade/exclusividade — quanto mais o cliente valoriza um atributo, tangível ou intangível, que diferencia um produto de seus concorrentes, menos sensível será aos preços;
- consciência de substitutos — o cliente é mais sensível ao preço quando sabe que existem substitutos, que tanto podem ser produtos concorrentes quanto pontos-de-venda que ofereçam o mesmo produto;

- difícil comparação — o cliente é menos sensível ao preço quando é difícil avaliar as ofertas dos concorrentes, comparando-as em termos de desempenho e qualidade;
- gasto total *versus* renda — quanto maior a despesa, tanto em termos absolutos quanto relativos, maior a sensibilidade aos preços;
- alto investimento já feito — o cliente é menos sensível ao preço de um produto quando já fez um alto investimento e precisa adquirir produtos correlatos;
- oportunidade/emergência — o cliente é menos sensível ao preço quando a situação de compra envolve pressão de tempo ou emergência.

Em princípio, o gestor de marketing deve procurar formas de tornar inelástica a demanda de seus produtos, como, por exemplo, investimento na criação de imagem de marca, embalagem e *design* excepcionais, ou serviços e atendimento que propiciem satisfação ao cliente.

Relação preço/qualidade

De modo geral, o preço é um dos atributos usados pelo cliente para avaliar, numa relação direta, a qualidade do produto, principalmente quando não há outras informações sobre o mesmo ou sua marca é desconhecida. À medida que o cliente adquire maior conhecimento a respeito do produto, o preço deixa de ser útil para indicar nível de qualidade. Por outro lado, para produtos associados a imagem e *status*, tais como jóias, roupas, perfumes e automóveis de luxo, o preço alto é indicador de qualidade, exclusividade e privilégio.

Estratégia competitiva de preço

As decisões de preço devem refletir claramente o posicionamento competitivo e as percepções dos clientes quanto aos diferentes valores das diversas alternativas concorrentes.

Quando há uma marca que domina o mercado, com vantagem de valor percebido pelos clientes, provavelmente ela conseguirá um diferencial de preço significativo. Porém, quando não há uma marca dominante em termos de participação de mercado e os produtos são percebidos como semelhantes, provavelmente nenhuma marca conseguirá estabelecer preços superiores.

Para manter uma liderança em participação de mercado, a razão entre benefícios percebidos e preço deve superar a do concorrente. Assim, não adianta oferecer maiores benefícios quando a concorrência tem um preço muito baixo. Por outro lado, uma marca pode oferecer um valor total superior, com inovações e preços superiores, mas dar margem a que os concorrentes lancem imitações.

Quando a percepção de valor de um produto cai, o preço torna-se mais caro na avaliação do cliente. Isso pode ser causado por problemas de comunicação (propaganda), pela deficiência dos atributos em relação aos do concorrente (P&D) ou pela pouca importância atribuída aos diferenciais (simplificação do produto ou redução de custo e preço — *downgrade*).

O gestor de marketing deve observar e monitorar as reações do mercado-alvo quanto às alterações de preços. Vejamos a seguir as possíveis reações às alterações de preço:

- reações a preços baixos — às vezes pode haver uma guerra de preços quando a precificação por desconto utilizada para um produto é reiteradamente contra-atacada pela concorrência; somente os concorrentes com recursos financeiros mais sólidos são capazes de sobreviver às guerras de preço;
- reações a preços altos ou "liderança de preço" — os concorrentes podem reagir a um aumento de preços elevan-

do seus próprios preços; todos os vendedores se beneficiam, mas somente se a demanda do produto justificar os preços mais altos; se a demanda for elástica, porém, os vendedores podem acabar sacrificando os lucros ao aumentar os preços, provocando assim uma queda na demanda;

- baixa demanda — quando a reação do cliente é menor do que a esperada, os gestores de marketing devem reavaliar o preço, bem como o restante da composição de marketing;
- alta demanda — se a reação do cliente for maior do que a esperada, ainda assim os gestores de marketing podem precisar fazer ajustes, pois o preço pode estar muito baixo para o nível da demanda;
- mudança no preço — os gestores de marketing devem ter cautela com a mudança de preços. Preços mais altos podem desagradar aos clientes, e preços mais baixos podem indicar para eles menor qualidade. Por isso é importante conjugar aumentos de preço com melhorias no produto.

Distribuição

Trata-se de fazer os produtos chegarem até os clientes com eficiência e eficácia. Os gestores de marketing procuram tornar os produtos disponíveis para os clientes quando e onde eles querem comprá-los, para assim criar trocas que ofereçam valor.

Entende-se por canais de marketing ou de distribuição o conjunto de organizações interdependentes envolvidas no processo de tornar um produto, mercadoria ou serviço disponível para uso ou consumo.

Os tipos básicos de canais de distribuição para bens e serviços de consumo e organizacionais são apresentados no quadro 10.

Quadro 10
TIPOS BÁSICOS DE CANAIS DE DISTRIBUIÇÃO

Canais para bens de consumo
- Canal direto
  Produtor → clientes
- Canal indireto
  Produtor → atacadistas → varejistas → clientes
- Canal indireto
  Produtor → agentes → atacadistas → varejistas → clientes

Canais para bens organizacionais
- Canal direto
  Produtor → clientes organizacionais
- Canal indireto
  Produtor → distribuidores → clientes organizacionais
- Canal indireto
  Produtor → agentes → clientes organizacionais
- Canal indireto
  Agentes ligam produtores e distribuidores organizacionais

Canais para serviços
- Canal direto
  Organização de serviços → clientes
- Indireto
  Organização de serviços → agentes/corretores → clientes

Múltiplos canais de distribuição
- Uma organização pode usar vários canais de distribuição (distribuição dual) para um único produto

Canais reversos
- Canal de distribuição que vai do cliente para a organização (por exemplo, reciclagem e recolhimento)

De modo geral, quando os clientes estão insatisfeitos com a seleção e a disponibilidade de produtos ou com o serviço e a participação de mercado ou quando o volume de vendas é insatisfatório, a melhor solução é aperfeiçoar o canal de distribuição — o gargalo entre a organização e o cliente. Uma vez estabelecido o canal de distribuição, os compromissos e investimentos realizados tornam relativamente difícil a mudança.

Políticas de canal

O quadro 11 apresenta três tipos de canais de distribuição e as situações em que se deve utilizá-los:

Quadro 11

POLÍTICAS DE CANAL

Distribuição exclusiva (vender onde se controla a venda)	Distribuição seletiva (vender onde se vende melhor)	Distribuição intensiva (vender onde quer que se compre)
Procura conceder a revendedores direitos exclusivos de distribuir os produtos da organização numa região.	Procura selecionar intermediários que agradem ao cliente e que tenham condições de vender o produto. Indicada quando se restringe a área geográfica, dispõe-se de poucos recursos para investir ou se buscam pontos-de-venda que se ajustem à imagem do produto.	Procura colocar os produtos ao alcance de qualquer cliente, usando quantos intermediários forem necessários para ampliar ao máximo a cobertura, a conveniência e as oportunidades de venda.
Produtos que demandam serviços técnicos durante e após a venda, grandes investimentos por parte do distribuidor e treinamento especial para a comercialização.	Produtos de compra comparada, que demandam conhecimentos especializados para venda, cuidados especiais de armazenamento e	Produtos com demanda elevada, compra freqüente e em pequena quantidade, baixo preço unitário e que não demandam serviços técnicos.

continua

Distribuição exclusiva (vender onde se controla a venda)	Distribuição seletiva (vender onde se vende melhor)	Distribuição intensiva (vender onde quer que se compre)
Produtos de prestígio ou para os quais se deseja criar imagem de exclusividade.	exposição, preços relativamente elevados e cujos serviços pós-venda são importantes.	
Bens de especialidade (por exemplo: grifes, O Boticário, BMW).	Bens de especialidade, comparação, industriais (por exemplo: Electrolux, Weg).	Mercados maduros, concorrência acirrada.
		Bens de conveniência, suprimentos (por exemplo: cigarros, sabão em pó, disquetes).

Varejo e atacado

O varejo inclui todas as atividades ligadas à venda de bens e serviços diretamente aos clientes finais para uso pessoal.

O atacado inclui todas as atividades ligadas à venda de bens ou serviços para quem os compra para revenda ou uso industrial.

O papel de atacadistas e varejistas é exercer as funções de distribuição com maior eficiência e eficácia do que poderiam fazê-lo os produtores. Eles cumprem seu papel com eficiência quando poupam dinheiro para outros membros do canal por meio de atividades de distribuição física. E exercem sua função com eficácia quando oferecem alta qualidade e atendem às necessidades daqueles outros membros.

Com muitos produtores usando canais mais curtos e aproximando-se dos clientes finais, a tendência é eliminar os atacadistas. Alguns deles sobrevivem graças à liderança em tecnologia e à ênfase na qualidade mediante a prestação de serviços ao cliente.

Por outro lado, a desaceleração econômica associada à intensa concorrência vem reduzindo o número de grandes varejistas. As lojas de departamentos perderam participação no mercado para hipermercados, *shopping centers* e lojas de descontos. Já os avanços tecnológicos na coleta e compartilhamento de informações permitiram aos varejistas obter mais facilmente dados sobre seus clientes.

Como um dos principais objetivos do canal é minimizar os custos totais de distribuição para um determinado nível de cobertura do mercado, é preciso analisar os custos da distribuição física.

A distribuição física voltada para o valor procura encontrar meios de aumentar a velocidade e a confiabilidade da distribuição e, ao mesmo tempo, manter os custos baixos. Muitas organizações recorrem a firmas especializadas em logística. A tomada de decisões interfuncional pode ajudar a organização a obter maior equilíbrio entre custo e serviço ao cliente. Essa abordagem busca assegurar que o sistema de distribuição física dê suporte à estratégia geral da organização.

A tendência na distribuição física é buscar maior eficiência e planejar um sistema de distribuição completo, em vez de uma série de funções isoladas. A informática ajuda as organizações a processar informações rapidamente e a conduzir atividades de planejamento e controle mais sofisticadas, que possibilitam otimizar as decisões de compra e os custos de estoque.

Os varejistas contribuem para o processo de criar valor tornando os produtos disponíveis quando e onde os clientes os desejam e facilitando as compras por meio de crediário, cartões de crédito e venda em pequenas quantidades. Eles possibilitam aos clientes a comparação de compras, oferecendo uma seleção de mercadorias de diferentes procedências.

A determinação do *mix* de mercadorias com base na *amplitude* e na *profundidade* e a estratégia com relação ao preço e à forma de distribuição das mercadorias (número de lojas) indicarão quanto de giro e margem o negócio varejista deve mesclar.

Eis alguns termos comumente empregados no varejo:

- variedade ou amplitude — quantidade de linhas de produto comercializadas;
- sortimento ou profundidade — número de marcas de uma mesma linha;
- *stock keeping unit* (SKU) ou unidade de manutenção de estoque — designação de cada item de mercadoria.

Comunicação e promoção

O composto de comunicação e promoção consiste em atividades que visam comunicar os atributos e benefícios do produto e persuadir os clientes-alvo a adquiri-lo e consumi-lo.

Propaganda, promoção de vendas, relações públicas, venda pessoal e marketing direto desempenham papéis importantes na criação de valor para os clientes. Essas ferramentas criam valor na medida em que fornecem aos clientes informações para a tomada de decisões de compra e reduzem os custos em termos de dinheiro, tempo e esforço.

O composto de comunicação e promoção combina cinco elementos diferentes para criar a estratégia geral de comunicações de marketing: propaganda, venda pessoal, promoção de vendas, relações públicas e marketing direto. Cada um deles será discriminado a seguir.

- Propaganda

    Consiste em qualquer anúncio ou comunicação persuasiva veiculada nos meios de comunicação de massa em tempo ou espaço pago ou doado por um indivíduo ou organização. Os gestores de marketing devem considerar qual mídia utilizar — televisão, rádio, imprensa, marketing direto ou cartazes ao ar livre — e que mensagem enviar.

- Venda pessoal

   Envolve interação pessoal com o cliente. Permite o *feedback* imediato e possibilita ao gestor de marketing ajustar as comunicações às necessidades da situação. Normalmente ela custa mais caro por contato com clientes do que outros tipos de comunicação de marketing. A competência dos vendedores varia, desafiando a homogeneidade da cobertura do mercado.

- Promoção de vendas

   É a ação de marketing, seja de mídia ou não, exercida por tempo predeterminado e limitado sobre um cliente, varejista ou atacadista, visando estimular a experiência, aumentar a demanda de consumo ou melhorar a disponibilidade do produto. Entre os tipos de promoção de vendas incluem-se cupons, ofertas de desconto por tempo limitado, amostras grátis, brindes anexos, ofertas leve-dois-pague-um, abatimentos posteriores, concursos ou jogos de azar, eventos especiais ou campanhas semelhantes. A promoção de vendas normalmente é feita juntamente com a propaganda ou a venda pessoal. As promoções de vendas voltadas para intermediários chamam-se promoções comerciais. Em geral, as promoções de vendas visam incrementar rapidamente as vendas e, segundo se espera, criar fidelidade.

- Relações públicas

   É a comunicação, vista como não-paga, de informações sobre a organização ou produto, geralmente em alguma forma de mídia. Por exemplo, reportagens sobre novos produtos ou sucessos e fracassos de organizações. Os profissionais de marketing têm pouco ou nenhum controle sobre o que é dito ou sobre a recepção das informações pelo público. Por isso o público fica mais propenso a acreditar que as informações são objetivas e verídicas.

- Marketing direto

    É um sistema interativo de marketing que utiliza um ou vários meios de comunicação para obter uma resposta mensurável ou transação num local qualquer. Trata-se de conjugar meios pessoais, impessoais e eletrônicos, tais como visita ao cliente, telemarketing, internet, catálogos, malas diretas, para estabelecer relacionamentos com clientes. Utiliza-se um banco de dados dos clientes, contendo dados pessoais e de histórico de compras, que possibilita fazer uma nova oferta, aprofundar a fidelidade ou reativar o relacionamento com o cliente. Seu uso indiscriminado pode ultrapassar os limites da conveniência e caracterizar invasão de privacidade, causando irritação e insatisfação no cliente.

Comunicação integrada de marketing (CIM)

Combinando todos os elementos do composto de comunicação de modo sistemático, obtém-se maior impacto do que se as comunicações forem descoordenadas ou fortuitas.

Alguns gestores de marketing advogam que o uso da CIM se estende a todas as comunicações entre uma organização e seu mercado, incluindo a impressão que ela transmite por sua escolha do canal de distribuição.

A organização estabelece seus objetivos de marketing e decide como cada elemento do composto de comunicação pode contribuir para o cumprimento desses objetivos.

O gestor de marketing precisa considerar como os clientes entram em contato com a organização, seus produtos e mensagens. Ao adotar esse processo, eles estão se concentrando em técnicas destinadas a entregar valor diretamente ao cliente-alvo.

As metas das comunicações de marketing podem ser assim definidas:

- criação de consciência — informar os mercados sobre produtos, marcas, lojas ou organizações;
- formação de imagens positivas — incutir nas pessoas avaliações positivas sobre produtos, marcas, lojas ou organizações;
- identificação de possíveis clientes — descobrir nomes, endereços e possíveis necessidades de clientes potenciais;
- formação de relações de canal — aumentar a cooperação entre membros do canal;
- retenção de clientes — criar valor para os clientes, satisfazer seus desejos e necessidades e conquistar sua fidelidade.

Na comunicação com o mercado-alvo, os gestores de marketing precisam descobrir quais palavras serão claras para os participantes desse mercado. Precisam também entender como eles interpretam as imagens e sons nelas empregados. Para tanto devem estudar a mídia utilizada pelo mercado-alvo.

Cabe também a esses gestores avaliar como a propaganda, a venda pessoal, a promoção de vendas, as relações públicas e o marketing direto podem contribuir para o cumprimento dos objetivos das comunicações, bem como os objetivos globais de marketing.

Conhecer o tamanho de um mercado-alvo, suas características e sua distribuição geográfica pode ajudar os gestores de marketing a escolher o melhor composto de comunicação. Os gestores de marketing global geralmente precisam adequar suas comunicações às diferenças culturais.

Como os clientes potenciais não podem ver, ouvir, tocar, degustar nem cheirar os produtos antes de comprá-los, procura-se utilizar elementos de comunicação que tornem os benefícios tangíveis e transmitam confiança na compra. Produtos altamente complexos, técnicos ou especializados exigem comunicações mais detalhadas e esclarecedoras.

Na definição do orçamento das comunicações, os gestores de marketing devem considerar em conjunto todos os elementos do composto das comunicações. Para tanto existem pelo menos cinco métodos:

- Método do percentual de vendas

    Estabelece o orçamento com base numa percentagem determinada das vendas efetivas ou estimadas. Esse método simples pode ser usado quando um produto está na fase de crescimento ou de maturidade de seu ciclo de vida. Uma de suas desvantagens é que vendas mais altas resultam em orçamentos mais altos para as comunicações.

- Método do valor fixo por unidade

    Aloca um valor fixo para as comunicações com base em cada unidade de produto vendida ou produzida. Esse método tem as mesmas limitações que o do percentual de vendas, pois não leva em conta o papel das comunicações de marketing no incremento das vendas.

- Método baseado na concorrência

    Determina quanto os concorrentes estão gastando e depois orça a mesma quantia ou certa parcela da mesma. Os concorrentes nem sempre revelam exatamente quanto estão gastando em comunicações ou mesmo se recusam a discutir distribuições específicas do orçamento. Esse método tem as mesmas limitações dos dois anteriores.

- Método da disponibilidade de recursos

    Utiliza todos os recursos que a organização se dispõe a gastar em comunicações. Esse método é comum entre as pequenas organizações com produtos novos. Ele impede que a organização esbanje, mas não leva em conta quanto dinheiro é necessário para alcançar os objetivos de marketing.

- Método do objetivo-e-tarefa

    Especifica os objetivos de comunicação, determina o composto de comunicação necessário para cumprir esses objetivos e orça o custo desse composto. Esse processo é complicado e não fornece nenhuma base para definir prioridades entre os objetivos, podendo também resultar num orçamento de comunicações muito alto.

4

Marketing de serviços

O setor de serviços já detém a maior participação no PIB dos países desenvolvidos e de muitos dos países em desenvolvimento. Além disso, é o setor que atualmente mais emprega pessoas.

Em serviços, as pessoas são de vital importância para o sucesso de uma organização. São elas que lidam diretamente com o cliente e, nesta interação, podem ajudar a melhorar ou a piorar a qualidade do serviço prestado.

Na atualidade, com um mercado cada vez mais competitivo e clientes cada vez mais exigentes, manter a fidelidade do consumidor exige um novo perfil do gestor da organização de serviço. Ele deve estar atento aos sinais do mercado e utilizar eficiente e eficazmente as ferramentas de marketing de serviços, que são razoavelmente diversas daquelas do marketing tradicional de produtos, como veremos adiante.

O marketing de serviços tem como foco três principais dimensões: os clientes atuais e potenciais; os funcionários; e a interação cliente-prestador de serviço, a chamada "hora da verdade". Somente quando essas três dimensões são bem atendidas é que o marketing de serviços pode alcançar os resultados desejados.

Por outro lado, é necessário considerar uma profunda modificação no perfil dos clientes — é cada vez maior o número de mulheres que trabalham fora do lar, as unidades familiares diminuíram de tamanho e as unidades individuais de residência são cada vez mais comuns. Tudo isso acarreta uma profunda mudança no modo de viver, hoje muito diferente do que era há poucos anos. Os serviços se fazem necessários principalmente para dar conta daquilo que no passado era feito nas próprias residências. Refeições, hospedagem, lazer, enfim, serviços que proporcionam maior qualidade de vida.

Há também outros fatores que impactam no crescimento do setor de serviços. Lovelock e Wright (2001:9) destacam os seguintes:

❏ padrões mutáveis da regulamentação governamental;
❏ relaxamento das restrições de marketing impostas por associações profissionais;
❏ privatização de alguns serviços públicos e sem fins lucrativos;
❏ inovações tecnológicas;
❏ crescimento de cadeias de serviços e redes de franquias;
❏ internacionalização e globalização;
❏ pressões para a melhoria da produtividade;
❏ o movimento da qualidade dos serviços;
❏ expansão das empresas de *leasing* e aluguel;
❏ fabricantes como fornecedores de serviços;
❏ necessidade das organizações públicas e sem fins lucrativos de gerar novas receitas;
❏ contratação e promoção de gerentes inovadores.

O estudo dos serviços nunca foi tão necessário quanto nos tempos atuais. Pode-se mesmo dizer que vivemos o século dos serviços. Até para as organizações de produtos, oferecer serviços adicionais será o melhor caminho para criar e manter diferenciais competitivos nesse mercado repleto de produtos com alto grau de desenvolvimento tecnológico e baixo grau de diferenciação em suas características.

Diferenças entre produtos e serviços

Podem-se constatar várias diferenças entre marketing de serviços e marketing de produtos. A principal diferença é o momento da produção. No mercado de produtos, as mercadorias são em geral produzidas antes de serem vendidas, o que possibilita o controle de qualidade antes da entrega ao cliente. No mercado de serviços, a venda ocorre antes da produção. Em outras palavras, no mercado de produtos o cliente pode ter contato físico com a mercadoria antes de adquiri-la, ao passo que no mercado de serviços o cliente compra uma promessa de prestação de serviços que será concluída com a experiência do serviço desejado, como por exemplo num *show*.

Para conhecer um serviço, portanto, o cliente tem que experimentá-lo já na situação de usuário, já na situação de compra realizada. Por isto a percepção de risco tende a ser muito elevada nos serviços, pois eles não podem ser tocados, cheirados, degustados nem mesmo experimentados antes do ato do consumo.

Para conhecer um novo balneário de férias, o cliente precisa fazer a reserva. E só vai conhecê-lo se fizer uso do tempo ali contratado. No mercado de produtos, ao contrário, para testar um novo eletrodoméstico o cliente pode ligar e verificar suas qualidades muito antes de adquiri-lo.

No mercado de serviços, portanto, a percepção da qualidade é fortemente influenciada pela experiência, um atributo que só pode ser avaliado depois do uso do serviço. Assim, a qualidade é a base do marketing de serviços.

Nos serviços, as atividades de pós-venda, tanto quanto a comunicação boca a boca, são muito importantes para conquistar a fidelidade do cliente. No mercado de produtos, as estratégias visam levar o cliente da consciência da marca à preferência pela marca, por meio de embalagem, comunicação, preço e distribuição. O marketing de serviços eficiente e eficaz parte de um sólido conceito do serviço desejado e muito bem-feito: uma necessária sinergia entre estratégica e execução, entre marketing e produção. Cumpre fazer bem o serviço na primeira vez. A confiabilidade é provavelmente o atributo mais importante.

Definição de serviço

A definição de serviços é problemática por causa da extrema amplitude e complexidade dessa atividade, que abrange desde os serviços de caráter pessoal até os serviços relacionados a produtos, como a entrega em domicílio e os serviços de suporte.

As definições existentes costumam ter caráter limitado. Grönroos (2003:65) descreve uma definição abrangente: "um serviço é um processo, consistindo em uma série de atividades mais ou menos intangíveis que, normalmente, mas não necessariamente sempre, ocorrem nas interações entre o cliente e os funcionários do serviço e/ou recursos ou bens físicos e/ou sistemas do fornecedor de serviços e que são fornecidas como soluções para problemas do cliente".

Kotler e Keller (2006:397), por sua vez, definem serviço como "qualquer ato ou desempenho, essencialmente intangível, que uma parte pode oferecer a outra e que não resulta na propriedade de nada. A execução de um serviço pode estar ou não ligada a um produto concreto".

Natureza e classificação dos serviços

Ao estudar a natureza dos serviços, deparamos com um paradoxo interessante: normalmente não temos os chamados serviços puros, assim como temos produtos puros. Em geral, ambos estão associados. Toda oferta tem uma parte tangível e outra intangível. Em outras palavras, toda oferta tem uma parte constituída de produto e outra de serviços. O que encontrarmos nas ofertas de mercado é um grau de variação da intensidade do serviço ou do produto.

Kotler e Keller (2006:397) afirma que "existem cinco categorias de oferta ao mercado". São elas:

- serviço — a oferta consiste basicamente num serviço, como é o caso de uma acompanhante de senhoras idosas;
- serviço principal acompanhado de bens e serviços secundários — é o caso dos serviços de transporte e recebem-se igualmente bens tangíveis, como alimentos e bebidas, canhotos da passagem e talvez uma revista de bordo;
- híbrido — refere-se a partes equivalentes de bens e serviços, como em geral encontramos nos restaurantes;
- bem tangível acompanhado de serviço — em geral, quanto mais sofisticado for o bem tangível (automóveis, computadores), maior será a necessidade de agregar uma oferta de serviços;
- bem tangível — a oferta consiste num bem tangível ao qual nenhum serviço é anexado (produtos de consumo em geral, como sabão, creme dental, sal etc.).

Feitas essas distinções entre as ofertas com maior ou menor incidência de serviços, podemos analisar a tipologia de classificação de serviços apresentada por Lovelock e Wright (2001) e identificar seus impactos na prestação do serviço. Segundo esses autores, os serviços podem ser classificados segundo dois critérios: a natureza do ato do serviço e o destinatário direto do serviço. O quadro 12 a seguir apresenta essas possibilidades.

Quadro 12
POSSIBILIDADE DE SERVIÇOS

Qual a natureza do ato do serviço?	Quem ou o que é destinatário direto do serviço?	
	Pessoas	Bens
Ações tangíveis	(processamento com pessoas) Serviços dirigidos aos corpos das pessoas: Transporte de passageiros Assistência médica Hospedagem Salões de beleza	(processamento com bens) Serviços dirigidos a posses físicas: Transporte de cargas Reparo e manutenção Lavanderias Paisagismo/jardinagem
Ações intangíveis	(processamento com estímulo mental) Serviços dirigidos às mentes das pessoas: Propaganda Artes e entretenimento Educação Serviços de informação	(processamento com informações) Serviços dirigidos a bens intangíveis: Contabilidade Transmissão de dados Serviços jurídicos Pesquisa

Fonte: Adaptado de Lovelock e Wright (2001:35).

Os serviços dirigidos aos corpos das pessoas exigem a presença física do cliente no local onde o serviço é prestado, aumentando a importância das instalações do serviço, da qualidade do atendimento pessoal e da necessidade do cliente estar preparado para executar sua parcela na produção do serviço. Nos serviços dirigidos às mentes das pessoas, por sua vez, a presença do cliente pode ser exigida ou não, como no caso de educação presencial ou a distância. Nesse segundo caso, torna-se crucial a forma de acesso do cliente ao serviço.

Nos serviços dirigidos a posses físicas, a presença do cliente não é indispensável. Em muitos casos, o cliente participa apenas de uma parcela reduzida do processo, como no caso de transporte de encomendas. Do ponto de vista do cliente, o importante é a garantia de que o processo ocorrerá conforme o esperado. O mesmo acontece nos serviços dirigidos a bens intangíveis, com o cliente participando como fornecedor de insumos ao processo.

Assim, o serviço pode ser basear-se tanto em equipamentos, como as máquinas de vender refrigerantes ou de lavar automóveis, quanto na utilização de pessoas para sua execução, como nos salões de beleza. Alguns serviços dispensam qualificação, enquanto outros necessitam de pessoas qualificadas ou mesmo especializadas.

A presença do cliente é outro aspecto importante, daí a necessidade de um bom atendimento, que pode ser pessoal e impessoal, como as máquinas de auto-atendimento nos bancos.

Características dos serviços

As principais características dos serviços são quatro: intangibilidade, inseparabilidade, variabilidade e perecibilidade. O marketing *mix* de serviço é muito afetado por essas quatro características, como podemos ver a seguir:

❑ Intangibilidade
O serviço não pode ser visto, provado, sentido, ouvido nem cheirado. O desafio para a área de marketing é evidenciar a qualidade do serviço, procurando de alguma forma tangibilizar o serviço. Kotler e Keller (2006:399) destacam que "as empresas prestadoras de serviços tentam demonstrar a qualidade de seus serviços por meio de prova física e apresentação" com base em seus equipamentos, instalações, materiais, símbolos e pessoal.

- Inseparabilidade
Diferentemente de um produto, o serviço é produzido, entregue e consumido simultaneamente, podendo-se mesmo dizer que faz parte da pessoa que o presta. A inseparabilidade implica a presença do cliente, o que aumenta em muito a preocupação com sua satisfação imediata. Além disso, como o cliente participa da produção do serviço, ele deve estar capacitado para tanto. Logo, é necessário treinar o cliente, dando-lhe todas as informações necessárias, e gerenciar o impacto que a ação desse cliente acarreta sobre os demais clientes da empresa.

- Variabilidade
Um serviço prestado a um cliente não é exatamente o mesmo serviço para o próximo cliente. Essa característica da variabilidade ou heterogeneidade é a causa de um dos maiores problemas no gerenciamento do serviço. Como manter uma qualidade percebida uniforme do serviço produzido e entregue aos clientes?
Como o serviço depende de quem o presta, sua qualidade pode variar. As pessoas, por mais treinadas que sejam, não conseguem padronizar a execução da tarefa como uma máquina. Por isso é necessário investir na seleção e treinamento de pessoal, padronizar etapas do processo de prestação de serviço e monitorar constantemente a satisfação do cliente. A única compensação é que o cliente está ciente dessa variabilidade.

- Perecibilidade
Essa é outra característica que cria diversos problemas para o marketing de serviço. Como um serviço não pode ser estocado, o gestor precisa estabelecer um equilíbrio entre a demanda e a oferta. Um lugar desocupado num determinado vôo, não pode ser guardado (estocado) para o próximo vôo. O restaurante que hoje teve 50% de suas mesas ocupadas não poderá servir amanhã o prato do dia de hoje. Contudo, "mesmo não sendo possível manter serviços em estoque, pode-se tentar manter clientes em estoque. Por exemplo, se

um restaurante estiver lotado, é sempre possível tentar manter o cliente esperando no bar até que uma mesa fique vaga" (Grönroos, 2003:68)

O quadro 13 mostra algumas medidas que se podem tomar para mitigar os problemas no lado da oferta e no lado da demanda.

Quadro 13
POSSÍVEIS AÇÕES PARA MITIGAR PROBLEMAS

Do lado da demanda	Do lado da oferta
Praticar preços diferenciados pode transferir a demanda dos períodos de pico. Por exemplo, cinemas com preço reduzido durante a semana.	Contratar funcionários em tempo parcial. Por exemplo, garçons e garçonetes para períodos de pico.
Incentivar a demanda nos períodos mais fracos, oferecendo atributos complementares. Por exemplo, novas ofertas no período de baixa estação.	Criar rotinas de eficiência para períodos de pico. Por exemplo, paramédicos.
Oferecer serviços complementares. Por exemplo, para melhorar o atendimento nos períodos de pico em bares e restaurantes.	Aumentar a participação do cliente. Por exemplo, empacotamento de compras, *self-service*.
Oferecer sistemas de reservas e é uma forma de administrar previamente a demanda.	Oferecer serviços compartilhados. Por exemplo, compra de equipamentos por vários prestadores de serviços; clínicas médicas.

Em geral, os serviços são percebidos muito subjetivamente. Uma das formas de percepção tem a ver com experiência prévia do cliente com um determinado serviço. Só se pode dizer algo sobre um serviço depois de experimentá-lo.

Por outro lado, é possível perceber o serviço em função da confiança inspirada pelo executor do serviço. É o caso de um médico que explica o que está fazendo enquanto cuida do paciente, incutindo-lhe confiança e assim melhorando a percepção do atendimento. Essa confiança pode estar muito próxima da segurança, pois esta advém do conhecimento prévio da capacidade do prestador de serviços. Títulos, diplomas e certificações contribuem para dar essa segurança.

Por último, cabe mencionar a percepção física do ambiente de serviço. Instalações bem cuidadas e equipamentos dão maior segurança ao cliente.

Componentes do pacote de serviços

Segundo Gianesi e Corrêa (1996) são quatro os componentes do pacote de serviços: instalações de apoio, bens facilitadores, serviços explícitos e serviços implícitos.

As instalações de apoio dizem respeito ao local preparado ou necessário para que o serviço seja realizado. Pode ser também um equipamento que dê suporte ao serviço. É através das instalações de apoio que se forma na mente do cliente a primeira impressão que ele terá do serviço. A instalação de apoio é um dos aspectos tangíveis do serviço. Veja os exemplos:

- hospital — o prédio, os leitos e os equipamentos médicos;
- companhia aérea — a aeronave, o terminal de passageiros e os computadores de controle e marcação de assentos;
- restaurante — o prédio, as mesas e os equipamentos de cozinha;
- escola — o prédio, as salas de aula e o laboratório.

Os bens facilitadores são aqueles que auxiliam a execução do serviço ou que lhe dão suporte. Pode-se dizer que são também aspectos tangíveis do serviço. Por exemplo:

- hospital — as refeições, os remédios, as seringas e as ataduras;
- companhia aérea — o bilhete, as refeições e as revistas de bordo;

- restaurante — a comida, as diversas bebidas e os brindes na saída;
- escola — as apostilas, os materiais didáticos e os certificados.

Serviço explícito é aquilo que se espera receber com o próprio serviço. Esse é um componente muito importante, um aspecto intangível de difícil controle. Veja:

- hospital — o próprio tratamento ou mesmo atendimento;
- companhia aérea – a capacidade de transportar e o atendimento no balcão;
- restaurante — o lazer que ele representa e o fornecimento da refeição desejada;
- escola — a capacidade de fornecer o conhecimento desejado, o ensino propriamente dito.

Por último, temos os serviços implícitos, ou seja, tudo o que está em volta do serviço propriamente dito e que diz respeito ao que você percebe ou obtém através dele. Veja:

- hospital — o ambiente e a informação prestada pelos profissionais;
- companhia aérea — a segurança e o *status* de voar por essa companhia;
- restaurante — o ambiente e o *status* que ele representa;
- escola — o *status* e o relacionamento com os pais do aluno.

Marketing externo, interno e interativo

Em geral o estudo de marketing começa pelo tradicional marketing externo, aquele em que a empresa se baseia para planejar o produto, determinar o preço, criar demanda e, finalmente, atender à demanda. Como vimos, essas quatro atividades são conhecidas como os 4 Ps de marketing ou marketing *mix*: produto, preço, promoção (no sentido de comunicação) e praça (no sentido de distribuição).

Mais recentemente, com o aprofundamento do estudo específico do marketing de serviços ou mesmo do marketing de relacionamento, tornou-se necessário incluir mais dois tipos de marketing: o marketing interno ou endomarketing, voltado para própria empresa, visando treinar e estimular as pessoas que nela trabalham; e o marketing interativo, voltado para o relacionamento entre os empregados da empresa e os clientes visando fundamentalmente desenvolver a capacidade de bem atender estes últimos.

O ciclo de vida do relacionamento com o cliente

Esse ciclo engloba as fases pelas quais passa o cliente quando estabelece ou pretende estabelecer um relacionamento com uma empresa ou serviço. Saber em que ponto do ciclo de vida do relacionamento com o cliente situa-se cada grupo de clientes-alvo é importante para determinar os instrumentos de marketing a serem usados nas diversas fases. Portanto, em cada fase existirão objetivos e estratégias diferentes. O ciclo é composto de estágio inicial, processo de compra e processo de consumo.

No estágio inicial, o cliente está procurando informações sobre o serviço ou mesmo nem sabe qual serviço buscar. Então, o objetivo de marketing é criar interesse pela organização e seus serviços.

No processo de compra, o interesse geral deve voltar-se para o processo de venda. O cliente potencial deve considerar como possível opção de compra a oferta, pela empresa, de uma solução futura para seu problema.

No processo de consumo, tendo em vista a participação do cliente na produção do serviço, a função interativa assume papel principal. Então o objetivo é estimular vendas repetidas e desenvolver um relacionamento a longo prazo. A competência do atendimento, o ambiente físico dos serviços e a capacidade de manter a qualidade em todas as etapas do processo do serviço são fundamentais para a continuidade do relacionamento com o cliente.

Devemos atentar para a necessidade de gerenciar todas as etapas do ciclo de vida do relacionamento com o cliente. Grönroos (2003:311) faz o seguinte alerta: "o marketing pode ser gerenciado com sucesso durante as duas primeiras fases do ciclo de vida do relacionamento com os clientes, mas, na terceira fase, o processo de consumo ou utilização, parece que ninguém mais é responsável pelo marketing e pelos clientes".

A conseqüência óbvia é a perda de clientes, a comunicação boca a boca negativa e a imagem deteriorada da empresa diante do mercado.

O ciclo do serviço

Jan Carlzon chamou de "hora da verdade" àquele momento em que o cliente estabelece contato com a empresa e seus funcionários. Durante o relacionamento do cliente com a organização há toda uma sucessão desses momentos, que merecem muito cuidado e atenção porque são eles que constroem a imagem do serviço. Ou seja, a percepção do cliente é formada em cada um desses momentos. O ciclo do serviço nada mais é do que o mapeamento de todos eles.

No ciclo de serviço, dois momentos são muito importantes: o início e o fim do ciclo. O início porque esse é o momento em que se cria a primeira imagem e praticamente se define se o cliente dará prosseguimento ao processo de compra. O fim porque é nesse momento que, já tendo sido criada uma imagem do serviço, praticamente se define se o cliente voltará a comprar novamente no mesmo estabelecimento.

Estratégias de marketing para empresas de serviços

Até recentemente, o modelo de estratégia de marketing empregado nas organizações prestadoras de serviços era o mesmo das organizações comerciais ou industriais, ou seja, a mera utilização do marketing *mix*: produto, preço, promoção e praça. Isso pelo fato de não se considerar ético o uso do marketing pelas organizações de serviços, sobretudo em se tratando de serviços de advocacia, contabilidade ou mesmo saúde.

Por outro lado, dada a inexistência de forte competitividade causada por grande demanda, diversas organizações, como por exemplo universidades e hospitais, não reconheciam a necessidade de adotar estratégias de marketing.

A visão atualizada do marketing de serviço amplia os 4 Ps para sete, passando a incluir: pessoas, presença evidente e processo.

Como o serviço é realizado principalmente por pessoas, é importante o processo de seleção, treinamento e motivação dos funcionários, que devem demonstrar competência, receptividade, iniciativa e habilidade. Este é o quinto P, o de pessoas.

Todo serviço é prestado num ambiente, e esse ambiente faz parte da promessa do serviço. Assim, o estilo de um hotel ou restaurante e a programação visual de uma companhia aérea, desde a pintura de sua frota, passando pelo uniforme de seus funcionários até na decoração das lojas de vendas de passagens são exemplos de como o ambiente pode influenciar a percepção da qualidade pelo cliente. Esse estilo próprio corresponde ao P da presença evidente do serviço.

O serviço entregue ao cliente representa o resultado de diversos processos que determinam também sua personalidade no mercado. Um restaurante pode ter, por exemplo, serviço *à la carte*, *fast-food* ou *self-service*. Um hospital pode oferecer acomodações na enfermaria, em quartos duplos ou até mesmo em quartos particulares. Todas essas possibilidades acarretarão necessidades diversas de planejamento e gerenciamento das várias etapas de processo. Mas o cliente observa o processo como um todo. Este é o sétimo P: processo.

Marketing de transação versus marketing de relacionamento

Como vimos, o marketing gira em torno dos diversos relacionamentos com o cliente, e os objetivos das partes envolvidas se realizam mediante vários tipos de troca.

Assim, o desafio de criar e manter um relacionamento duradouro com o cliente é hoje a tarefa mais importante dos gestores de marketing, principalmente em se tratando de organizações de serviço.

A função dominante no marketing de transação é o marketing *mix*. Trata-se basicamente de oferecer o produto adequado, a preço razoável, em locais de fácil aquisição e incentivar o cliente a comprá-lo. Não há preocupação com a continuidade das compras.

Já no marketing de relacionamento, a função dominante é o marketing interativo, visando inspirar confiança e dar continuidade ao relacionamento comercial. O marketing de relacionamento também utiliza as ferramentas do marketing *mix*, mas vai além, buscando oferecer ao cliente um atendimento personalizado e manter a qualidade do serviço.

No marketing de transação, a dimensão da qualidade mais importante para definir uma vantagem competitiva é a qualidade técnica aliada a seus resultados, ao passo que no marketing de relacionamento predomina a qualidade funcional, relacionada a processos. Nesse caso, o modo como o serviço é produzido e entregue ao cliente é tão ou mais importante do que aquilo que é produzido e entregue.

No marketing de transação, os clientes são muito mais sensíveis ao preço, e a interface com outras áreas, ao contrário do que ocorre no marketing de relacionamento, não tem importância estratégica para o negócio.

Por último, cabe observar que o marketing de produtos serve de intermediário entre a produção e o consumo, enquanto no marketing de serviços a produção e o consumo acontecem ao mesmo tempo, sendo, pois, fundamental a interação entre o cliente e o prestador de serviço, razão pela qual o relacionamento é mais importante do que a transação isolada.

Elementos de interação de um serviço

As operações de serviços ocorrem em dois níveis que vão influenciar o relacionamento com o cliente: uma parte visível, chamada de *front office* ou proscênio, local onde o cliente interage diretamente com o serviço (por exemplo, o salão de um restaurante), e *back office* ou retaguarda, onde tudo é preparado para o atendimento ao cliente (a cozinha desse restaurante).

Para o cliente, o modo como a organização se estrutura internamente não está visível. Seu contato com a organização se faz por meio do ambiente físico e do relacionamento direto com o funcionário. Mas, para que esse ambiente e esse atendimento sejam os mais adequados, os serviços internos devem ser executados com foco no cliente, de modo que aqueles que lidam com ele diretamente possam prestar-lhe um serviço de alta qualidade.

No relacionamento pode haver maior ou menor contato pessoal e, respectivamente, menor ou maior uso de equipamentos. Pelo grau de utilização de equipamentos ou pessoas nos serviços é possível estabelecer algumas de suas muitas classificações.

Os serviços profissionais são aqueles em que as operações básicas ocorrem no *front office*, o número de clientes atendidos num determinado período constuma ser reduzido e o profissional responsável por sua execução tem um alto grau de liberdade, podendo inclusive personalizar o atendimento. Nesse tipo de serviço, as pessoas assumem maior importância e, conseqüentemente, a relação entre as atividades de marketing — com destaque para o marketing interno — e as de gestão de pessoas. Incluem-se nessa categoria os serviços prestados pelos profissionais liberais em geral.

Por outro lado, os serviços de massa, como o próprio nome indica, atendem um grande número de pessoas num determinado período. Nesse caso, as operações importantes ocorrem no *back room*, com intensa utilização de equipamentos, havendo pouco contato direto e baixo índice de autonomia e personalização. O processo em si tem maior relevância. São exemplos de serviços de massa o transporte público, o cartão de crédito e a comunicação. As chamadas lojas de serviços — como bancos, restaurantes e hotéis, por exemplo — são um meio-termo entre os serviços profissionais e os serviços de massa.

Qualidade

Qualidade é aquilo que os clientes percebem como tal. Dada a sua complexidade, é necessário, em serviços, separar a qualidade em partes gerenciáveis.

Na gestão da qualidade em serviços, deve-se diferenciar a qualidade técnica da qualidade funcional, ou seja, *aquilo* que o cliente recebe e *como* o cliente recebe.

Qualidade técnica diz respeito àquilo que realmente é produzido. Por exemplo, no caso da assistência técnica, é o resultado prático desse serviço, ou seja, como o produto retornou: funcionando perfeitamente. Em outras palavras, trata-se da qualidade técnica do processo.

A qualidade funcional, por outro lado, refere-se a como o cliente recebe o serviço. Retomando o exemplo anterior, a qualidade funcional diz respeito ao atendimento, ao ambiente, ao nível da informação prestada, aos cuidados para com o produto enviado à assistência técnica. É a qualidade funcional do processo.

Portanto, o serviço não é avaliado apenas pelo resultado alcançado tecnicamente. O modo como o cliente é tratado, o relacionamento com as pessoas da organização, a cordialidade, tudo isso é importante para a avaliação.

Outros conceitos relacionados à qualidade do serviço envolvem a qualidade esperada, a qualidade experimentada e a qualidade percebida. Por meio das atividades do marketing, como propaganda e relações públicas, e a comunicação boca a boca entre os potenciais consumidores, o cliente cria uma imagem da qualidade que ele gostaria de receber. Essa é a qualidade esperada, a expectativa que o cliente desenvolve em relação ao serviço que gostaria de receber, influenciada também por seu grau de necessidade e por suas experiências anteriores.

Já a qualidade experimentada diz respeito, como vimos, à qualidade técnica (o quê?) e à qualidade funcional (como). A soma do processo com o resultado do serviço.

Entre estas duas qualidades, a esperada e a experimentada, temos a qualidade percebida, ou seja, a comparação subjetiva entre aquilo que se esperava e aquilo que se obteve.

Como vemos, a consideração dos vários aspectos da qualidade tanto pode ser objetiva quanto subjetiva. É objetiva principalmente quando se avalia o que foi entregue, e subjetiva quando se avalia como foi entregue. Essa é uma questão sensível, pois para cada tipo de contato ou cada tipo de serviço realizado existe uma interação individualizada, e cada cliente tem sua própria concepção do que é bom (qualidade). Portanto, a conclusão final, a qualidade percebida, é repleta de aspectos subjetivos, razão pela qual o gerenciamento da qualidade em serviços é bastante complexo. Qualquer equívoco na interação com o cliente pode dar-lhe motivo para desqualificar o serviço.

Qualidade percebida

A qualidade percebida, como vimos, é o estágio final da construção da avaliação da qualidade. Nesse processo é importante fazer com que o cliente perceba os esforços que estão sendo feitos para que ele obtenha o que deseja. Isso se chama controle percebido. Por exemplo, todo esforço para diminuir o transtorno causado por um atraso no horário de embarque num avião será bem-visto pelo cliente. Mas se ele notar que não existe esse esforço, isso pode ser fatal para a imagem da qualidade do serviço.

O cliente, então, avalia a qualidade do serviço com base em determinados critérios, que podem estar relacionados tanto com a qualidade técnica quanto com a qualidade funcional. Grönroos (2003:107) propõe uma relação de critérios que são utilizados para a avaliação da qualidade e que, conseqüentemente, merecem constante atenção do gestor de marketing de serviços. São eles:

❑ profissionalismo e capacidade — os clientes percebem que o prestador de serviços, seus funcionários, sistemas operacionais e recursos físicos possuem o conhecimento e a capacidade requeridos para resolver seus problemas de um modo profissional (critério relacionado com resultado);
❑ atitudes e comportamento — os clientes sentem que os funcionários de serviço (pessoas de contato) preocupam-se com

eles e estão interessados em resolver seus problemas de maneira amigável e espontânea (critério relacionado com processo);
- acessibilidade e flexibilidade — os clientes sentem que o prestador de serviço, sua localização, horários de operação, funcionários e sistemas operacionais são projetados e executados de modo que seja fácil conseguir acesso ao serviço e estão preparados para demonstrar flexibilidade em ajustar-se às demandas e desejos do cliente (critério relacionado com processo);
- confiabilidade e integridade — os clientes sabem que, seja o que for que aconteça e o que foi combinado, eles podem confiar que o prestador de serviços, seus empregados e sistemas cumpram as promessas e realizem o trabalho tendo em mente o melhor interesse do cliente (critério relacionado com processo);
- recuperação de serviço — os clientes percebem que sempre que alguma coisa dá errado ou acontece algum imprevisto, o prestador de serviços tomará providências imediatas e ativamente para manter a situação sob controle e descobrir uma nova e aceitável solução (critério relacionado com processo);
- panorama de serviço (*serviscape*) — os clientes sentem que o ambiente físico circundante e outros aspectos do ambiente do encontro de serviço apóiam uma experiência positiva do processo do serviço (critério relacionado com processo);
- reputação e credibilidade — os clientes acreditam que podem confiar na empresa do prestador de serviços, o valor percebido equilibra o dinheiro, e defende bom desempenho e valores que podem ser compartilhados pelo cliente e pelo prestador de serviços (critério relacionado com imagem).

Marketing interno

Trata-se de ações de marketing voltadas para o público interno, visando sintonizar a estrutura de marketing da organização para posteriormente implementar uma ação ou conjunto de ações no mercado.

O marketing interno procura incutir a noção de cliente nos processos internos da organização, tendo em vista a melhoria da qualidade de produtos e serviços e aumento da produtividade em geral.

A produção interna deve estar orientada para o mercado, traduzindo-se em produtos ou serviços externos o que requer decisões estratégicas por parte da gerência. Assim, o marketing interno deve fazer parte da gestão estratégica e contar com o apoio da alta gerência.

Para Grönroos (2003:412), "em princípio, podem ser identificadas três situações nas quais o marketing interno é exigido:

- ao criar uma cultura de serviço na empresa e uma orientação para serviço entre as pessoas;
- na manutenção de uma orientação para serviço entre as pessoas; e
- ao apresentar novos bens e serviços ou campanhas e atividades de marketing externo ou novas tecnologias, sistemas e rotinas de processo de serviço aos funcionários".

Entre as atividades básicas do marketing interno destacam-se o treinamento e o desenvolvimento, o necessário apoio da gerência, os diversos tipos de comunicação interna de massa, a comunicação externa de massa e práticas de gestão de recursos humanos.

Para realizar um marketing interno eficaz é necessário contratar os melhores profissionais, transmitir-lhes uma noção clara e concisa dos objetivos a serem atingidos, oferecer-lhes treinamento e apoio, bem como a devida autonomia, além de recompensá-los pelos bons serviços. Segundo Grönroos (2003:409), "endomarketing é a filosofia de gerenciamento que trata funcionários como clientes. Eles devem sentir-se satisfeitos com seu ambiente de trabalho e com os relacionamentos com seus colegas de trabalho em todos os níveis hierárquicos, bem como com seu relacionamento com seu empregador como uma organização".

Funcionários satisfeitos geram clientes satisfeitos. E a satisfação do cliente aumenta a satisfação do funcionário em relação a sua própria atividade, gerando um círculo virtuoso.

5

Estratégia, planejamento e gestão estratégica

Embora a globalização tenha obrigado as organizações a se adaptarem ao novo ambiente de negócios, muitas delas não conseguiram promover as mudanças necessárias para fazer face às novas demandas, ainda que utilizando o planejamento estratégico como ferramenta de gestão. Um ambiente de negócios em rápida transformação pode levar empresários e executivos a pensar equivocadamente que é impossível fazer planejamento e gestão estratégica. Ora, é justamente nos momentos de maior turbulência nos mercados que se faz necessário criar competência para planejar e gerir estrategicamente o negócio. Para tanto é fundamental dominar os conceitos básicos de estratégia, planejamento e gestão estratégica.

Estratégia

Estratégia deriva de *strategós*, general superior entre os gregos antigos. Durante muitos séculos o termo esteve associado à arte militar, sendo posteriormente adaptado para o meio empresarial.

Oliveira (1999:293) define estratégia como "ação relacionada com objetivos e desafios, e com modos de persegui-los, que afetam a empresa como um todo. É um conjunto de linhas administrativas básicas que especifica a posição da empresa diante dos seus produtos e mercados, as direções em que ela procura desenvolver-se ou transformar-se, os instrumentos competitivos que ela utilizará, os meios através dos quais entrará em novos mercados, a maneira pela qual configurará seus recursos, as potencialidades que procurará explorar e, inversamente, as fraquezas que procurará evitar. Representa a definição do caminho mais adequado a ser seguido pela empresa para alcançar uma situação desejada (objetivo, desafio, meta)".

Porter (1986:15) diz que estratégia competitiva é "o desenvolvimento de uma fórmula ampla para o modo como uma empresa irá competir, quais deveriam ser as suas metas e quais as políticas necessárias para levar-se a cabo estas metas".

Os níveis do planejamento

Ainda segundo Oliveira (1999:46), planejamento estratégico é "um processo gerencial que possibilita ao executivo estabelecer o rumo a ser seguido pela empresa, com vistas a obter um nível de otimização na relação da empresa com o seu ambiente".

Kotler (2000:86) define planejamento estratégico orientado para o mercado como "o processo gerencial de desenvolver e manter uma direção estratégica que alinhe as metas e os recursos da organização com suas mutantes oportunidades de mercado".

Em suma, o planejamento estratégico é um processo que, alicerçado na missão, visão, princípios e valores da organização, define as estratégias a serem adotadas para alcançar os objetivos, tendo em vista os ambientes externo e interno da organização.

Alguns autores distinguem três níveis de planejamento em função de sua dimensão temporal: o estratégico, o tático e o operacional. O planejamento estratégico diz respeito às decisões de longo prazo, e o tático e o operacional, às ações de curto prazo (menos de um ano).

Contudo, essa visão temporal pode distorcer e causar confusão, como veremos a seguir, uma vez que o planejamento estratégico pode prestar-se a decisões de curto prazo (até um ano), médio prazo (de um a três anos) e longo prazo (mais de três anos). Assim, o planejamento estratégico de curto prazo pode ser confundido com o planejamento tático. Para evitar essas possíveis confusões convém lidar com a dimensão funcional, sem desprezar de todo a dimensão temporal.

Oliveira (1999) prefere distinguir os três tipos de planejamento segundo o nível hierárquico e o impacto das decisões.

O planejamento estratégico aborda as questões globais e genéricas da organização. As decisões, portanto, são estratégicas e tomadas pela alta direção da organização.

O planejamento tático refere-se a uma unidade de negócio ou área funcional da organização, que pode ser uma divisão de negócios, uma gerência ou um departamento. As decisões são táticas e tomadas por gerentes seniores de unidades estratégicas de negócio ou de áreas funcionais.

O planejamento tático deve ser coerente com o planejamento estratégico da organização.

Um produto que requeira um longo período de desenvolvimento e introdução no mercado ou que tenha um ciclo de vida longo pode ter um plano de marketing envolvendo ações de prazo superior àquele que está implícito no conceito de planejamento tático.

Em geral, a elaboração do planejamento tático compete aos gerentes de divisão ou funcionais (marketing, finanças, logística), mas isso depende das características e da cultura da organização.

O planejamento tático (expresso no plano tático) subdivide-se em diversos planos operacionais que especificam as atividades previstas nesse mesmo planejamento.

Planejamento de marketing

Segundo Kotler (2000:86), "para entender o planejamento estratégico, precisamos reconhecer que as maiores empresas organizam-se em quatro níveis: o corporativo, o de divisão, o de unidade de negócios e o de produto". O plano estratégico da empresa é traçado pela alta direção na matriz de modo a orientar toda a organização. Nele se definem certas decisões estratégicas, tais como a quantidade de recursos a ser destinada a cada divisão e quais negócios iniciar ou abandonar. A divisão aloca os recursos para cada unidade de negócios. Nas organizações de menor porte, costuma-se eliminar essa etapa. Cada unidade estratégica de negócios desenvolve seu plano estratégico. Por último, cada nível de produto de uma unidade estratégica de negócios desenvolve seus planos de marketing, estratégico e tático.

Portanto, o planejamento estratégico da organização define a missão da organização, as unidades estratégicas de negócios (UENs), a alocação de recursos a cada UEN e o planejamento de novos negócios ou a desativação de negócios superados.

O plano estratégico de marketing define então os objetivos gerais e como alcançá-los, tendo em vista a análise do ambiente interno (forças e fraquezas) e do ambiente externo (oportunidades e ameaças). Essa análise é denominada Swot, sigla de *strengths* (forças), *weaknesses* (fraquezas), *opportunities* (oportunidades) e *threats* (ameaças).

O plano estratégico de marketing deve ser coerente com o planejamento estratégico da organização, buscando na missão corporativa a definição de sua missão específica.

McDonald (1993:13) conceitua planejamento de marketing como "uma seqüência lógica de atividades que levam à definição de objetivos de marketing e à formulação de planos para alcançá-los".

O plano tático de marketing define as táticas a curto prazo. Assim, o plano de marketing de uma organização pode subdividir-se em planos tais como:

- planos de marketing de marca — são necessários em todo tipo de organização. Por exemplo, o gerente de cada uma das marcas de detergente da Procter & Gamble prepara, anualmente, seu plano estratégico;
- planos de marketing por categoria de produto — antes de os gerentes de marca de cada um dos detergentes prepararem separadamente seus planos de marketing de marca, os gerentes da categoria "detergente" estabelecem algumas premissas, previsões e metas para orientar o planejamento de cada marca. Uma vez elaborados e aceitos, os planos das diferentes marcas são incorporados ao plano geral da categoria de produto;
- planos para novos produtos — cada novo produto ou marca requer um plano detalhado de desenvolvimento e lançamento. O conceito do produto tem que ser definido, refinado e testado com o auxílio de protótipos. A fase de lançamento exige uma relação detalhada das atividades envolvidas;
- planos por segmento de mercado — quando o produto ou marca é vendido em diferentes segmentos de mercado, é preciso elaborar um plano para cada um deles. A IBM vende em vários segmentos de mercado — bancário, de seguros,

hoteleiro, de viagens aéreas —, e cada gerente de segmento da IBM planeja seus produtos e serviços;
❑ planos por mercado geográfico — elaboram-se planos de marketing para cada país, região, cidade ou mesmo bairro;
❑ planos por cliente — os gestores de contas nacionais preparam planos separados para cada cliente de destaque.

Todos esses planos têm que ser sincronizados, jamais elaborados separadamente. Portanto, os gestores de segmentos de mercado devem estar a par dos planos por produto e por área antes de propor as ofertas e estratégias mais adequadas para seus segmentos específicos.

O plano de marketing deve ser elaborado por equipes interfuncionais, de modo a garantir a participação de todos os departamentos da organização. É comum confundir-se plano de marketing com plano de negócios. Um plano de negócios necessariamente inclui um plano de marketing. De modo geral, este último é mais detalhado em vendas, planejamento de marketing, estratégias e análise de mercado, ao passo que o plano de negócios (*business plan*) contempla todo o negócio, incluindo análise de fluxo de caixa e financiamentos.

O plano de marketing e o *business plan* têm muitos tópicos em comum, tais como previsão de vendas, despesas de vendas e marketing, análises de mercado e declaração da missão da organização, o que evidencia o sincronismo das informações.

Gestão estratégica

Pensar e renovar a organização é um processo que requer a participação de todos os colaboradores, e o sucesso depende muito mais da forma como se gerencia e implementa esse processo que do planejamento em si.

Sabe-se que o melhor planejamento estratégico tem que ser "comprado" pela organização, ou seja, tem que ser assimilado e aceito pelas pessoas que nela trabalham. Essa é a gestão estratégica, conceito mais amplo que o de planejamento estratégico.

Gestão estratégica é o processo sistemático de gerenciamento e acompanhamento das ações pela alta direção, de forma a garantir a continuidade e o crescimento da organização. Para tanto é indispensável a participação de todos os funcionários e colaboradores, inclusive fornecedores, prestadores de serviços, canais de distribuição ou mesmo clientes.

A gestão estratégica minimiza os obstáculos à implantação do planejamento estratégico, já que a metodologia empregada pressupõe o comprometimento de todos que tenham uma contribuição a prestar nas transformações necessárias à organização.

Os mercados mudam, assim como os clientes, e a organização deve ter a capacidade de reinventar-se constantemente para poder contribuir para a sociedade em que está inserida e remunerar os acionistas e empregados dentro dos preceitos da ética e da legislação.

A gestão estratégica busca assegurar a sobrevivência, a continuidade e o crescimento da organização a longo prazo através da contínua adequação de suas competências e de sua estrutura organizacional, devendo portanto os gestores antecipar-se às mudanças no ambiente externo.

Diagnóstico estratégico

A implementação da gestão estratégica requer primeiramente um diagnóstico estratégico ou "auditoria de posição" (Oliveira, 1999:65), visando determinar "como a empresa está".

O resultado do diagnóstico estratégico define a estratégia a ser implementada, a qual deverá basear-se na gestão da estratégia competitiva e na gestão estratégica do portfólio. Segundo Buckley e outros (1988:37), competitividade é um "processo constante, dependente de comparações, e suas medidas podem ser categorizadas em três grupos: desempenho competitivo, potencial competitivo e processo gerencial". Para Costa (2002:55), é "o resultado de uma disputa da instituição em confronto com seus concorrentes na busca da preferência do seu público-alvo ou do mercado".

Assim, entende-se por gestão estratégica da competitividade a contínua análise e as conseqüentes modificações na estrutura e cultura da organização. A análise da competitividade permite ao gestor identificar problemas estratégicos graves no que tange a esse aspecto.

Já a gestão estratégica do portfólio diz respeito à avaliação do portfólio da organização visando ajustá-lo de modo a incluir áreas estratégicas que assegurem a continuidade e a rentabilidade da organização, bem como a remuneração a longo prazo de seus acionistas.

Gestão estratégica é, pois, a filosofia de implementação, gerenciamento e acompanhamento do tradicional planejamento estratégico.

Visão e missão

Visão e missão são dois conceitos complementares e fundamentais no planejamento estratégico. Para Oliveira (1999:65), "a visão pode ser considerada como os limites que os principais responsáveis pela empresa conseguem enxergar dentro de um período de tempo mais longo e uma abordagem mais ampla".

A visão, alicerce de todo o planejamento estratégico da organização, deve ser claramente definida e compartilhada pelos membros da alta administração, os acionistas majoritários e os conselheiros. Deve igualmente ser disseminada entre todos os colaboradores da organização, incluindo-se aí não apenas os empregados, mas também os prestadores de serviços, os fornecedores e os clientes.

A missão deve determinar aonde a organização quer chegar, qual a razão de sua existência. A missão da organização deve ser clara e específica, de modo que seus gestores possam decidir a respeito das atividades a serem priorizadas.

Em geral, a missão é claramente definida quando da constituição da organização. Contudo, com o passar dos anos, devido às mudanças no mercado, ao acréscimo de novos negócios ou à exclusão de outros, a missão pode tornar-se nebulosa e não mais representar o propósito da organização ou a sua forma de diferenciar-se das concorrentes.

Os gestores de marketing devem atentar para os elementos que compõem a declaração da missão. São eles:

❑ intenção estratégica, ou a visão de onde a organização quer estar no futuro;
❑ valores da empresa;
❑ competências que lhe são peculiares e que a distinguem das organizações concorrentes;
❑ definição clara dos clientes-alvo e de suas necessidades;
❑ posição que a organização ocupa ou pretende ocupar no mercado.

Portanto, a declaração da missão deve ser constantemente reavaliada. Segundo Peter Drucker (apud Kotler, 2000:87), os gestores devem fazer algumas perguntas fundamentais: "qual é o nosso negócio? Quem é o cliente? O que tem valor para o cliente? Qual será nosso negócio? Como deveria ser nosso negócio?"

A missão de algumas empresas brasileiras serve como bom exemplo:

- Rede Globo — "Construir para o progresso cultural, político, econômico e social do povo brasileiro, através da educação, da informação e do entretenimento";
- Empresa Brasileira de Correios e Telégrafos — "Prestar serviços de correios convencionais e avançados, transporte de encomendas e atendimentos especiais, de forma empresarial, com competitividade e lucratividade, de acordo com a qualidade exigida pelos diversos segmentos de mercado, bem como atrair, desenvolver e motivar pessoas para garantir a excelência desses serviços".

Certas organizações concentram-se num só negócio. Porém, as grandes organizações administram vários negócios diferentes, e cada um deles requer uma estratégia própria. Tem sido um grande erro dos gestores definir seus negócios em termos de produtos, pois estes podem deixar de atender às necessidades e aos desejos dos clientes. Levitt (apud Kotler, 2000:86) sugere que as organizações "redefinam seu negócio em relação a necessidades, não a produtos". Kotler (2000) cita como exemplos de organizações que redefiniram seu negócio a partir do mercado:

- Columbia Pictures — definição por produto (fazemos filmes); definição por mercado (promovemos entretenimento);
- Xerox — definição por produto (fabricamos copiadoras); definição por mercado (fornecemos soluções para documentação, aumentando a produtividade dos escritórios).

Unidade estratégica de negócios (UEN)

Em geral as organizações têm mais de uma linha de negócios. Denomina-se portfólio o conjunto de unidades de negócios de uma organização. Portfólio pode também designar o conjunto de produtos de uma organização que não esteja estruturada em unidades estratégicas de negócios.

Como cada negócio requer uma estratégia diferente, foi necessário introduzir o conceito de unidade estratégica de negócios (UEN), isto é, a "parte de uma organização que tem uma missão distinta, seus próprios concorrentes, vende um produto ou um grupo de produtos similares e pode ter um planejamento independente de outras unidades da empresa", segundo Churchill (2000:603).

Ferramentas de análise do portfólio de uma organização

Os gestores da organização necessitam de ferramentas analíticas que lhes permitam classificar seus negócios de acordo com o potencial de lucros e assim facilitar o trabalho de alocação de recursos a cada unidade estratégica de negócios.

A empresa de consultoria Boston Consulting Group (BCG) desenvolveu, juntamente com a Mead Paper Corporation, um método para classificar aquisições em quatro categorias. Em 1970, esse método evoluiu para o chamado Boston Box.

A matriz BCG classifica os produtos de uma organização pelo uso de caixa e a geração de caixa, utilizando as dimensões da participação relativa no mercado e a taxa de crescimento do mercado, como se pode ver na figura 3.

Os pontos de interrogação são negócios que ainda não alcançaram uma posição dominante no mercado e, portanto, não têm fluxo de caixa alto. Podem representar também negócios que tenham decaído. Os negócios nesse quadrante serão altos usuários de caixa, pois atuam num mercado em crescimento.

As estrelas são negócios que conquistaram uma grande fatia de mercado, porém num mercado em rápido crescimento, o que implica gastar recursos para acompanhar esse crescimento e defender-se dos ataques dos concorrentes. Em geral, tiveram como origem os negócios representados por um ponto de interrogação que foram bem-sucedidos.

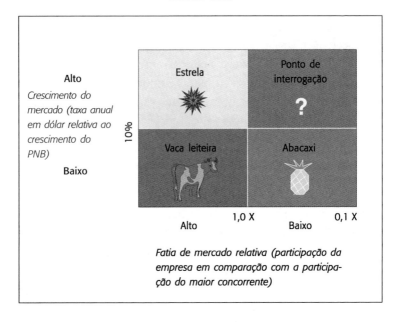

Figura 3
MATRIZ BCG

As vacas leiteiras representam líderes de um mercado onde a taxa anual de crescimento é baixa porém estável. São excelentes geradores de caixa e têm maiores margens de lucro. Esse tipo de negócio gera receita para manter ou apoiar os outros negócios da empresa.

Os animais de estimação, também denominados "abacaxis" por alguns autores, representam negócios com pouco futuro, devido à sua pequena participação em mercados de baixo crescimento. Tais negócios devem ser eliminados, embora muitas organizações os mantenham por lealdade a um grupo de clientes ou por mera satisfação da administração, enquanto "investimentos no ego da gerência" (McDonald, 1993:97).

O gestor deve usar o saldo positivo gerado pelas vacas leiteiras para investir em estrelas e num certo número de pontos de interrogação devidamente selecionados. Somente as organizações equilibradas do ponto de vista do portfólio de produtos estarão em condições de gerar internamente (se possível) os recursos necessários à sua futura consolidação e expansão.

A matriz BCG propicia ao gestor uma visão ampla do padrão de todas as atividades de mercado referentes aos negócios da organização, permitindo-lhe assim traçar as estratégias mais adequadas a cada um deles.

Selecionando as estratégias para as unidades estratégicas de negócio

As estratégias definidas pelos gestores devem permitir às organizações alcançarem seus objetivos. Kotler (2000) relaciona quatro tipos de estratégia:

- crescimento intensivo — busca melhorar o desempenho dos negócios existentes; o gestor examina as possibilidades de: obter maior participação de mercado com os produtos atuais nos mercados atuais (estratégia de penetração no mercado); encontrar ou desenvolver novos mercados para os produtos atuais (estratégia de desenvolvimento de mercados); desenvolver novos produtos de interesse potencial para os mercados atuais (estratégia de desenvolvimento de produtos); desenvolver novos produtos para novos mercados (estratégia de diversificação);
- crescimento integrativo — busca aumentar as vendas e os lucros de um negócio por meio da integração (retrógrada, à frente ou horizontal) no segmento ao qual pertence a organização;
- crescimento por diversificação — busca novas oportunidades além dos negócios atuais da organização;
- redução de negócios superados — visa eliminar ou reduzir os negócios sem perspectivas de crescimento, a fim de enxugar custos e liberar recursos.

Uma vez definidas as estratégias e a alocação de recursos para as UENs, o passo seguinte é traçar o planejamento estratégico de negócio.

A missão da UEN

Para estabelecer o planejamento estratégico de negócio, cabe inicialmente definir a missão específica da UEN, que deve ser coerente com a missão da organização. A escolha das estratégias mais adequadas para as UENs requer uma análise dos ambientes interno e externo. Nessa análise deve-se evitar a tendência, própria da natureza humana, de só identificar os pontos fortes (forças) e omitir os pontos fracos da empresa (fraquezas).

Análise do ambiente externo (oportunidades e ameaças)

O gestor de marketing deve ser capaz de antecipar-se às mudanças no macroambiente, ou seja, as forças externas (econômicas, demográficas, tecnológicas, socioculturais e político-legais) à organização que podem criar tanto oportunidades quanto ameaças para os negócios.

No começo dos anos 1990, muitas organizações no Brasil não estavam preparadas para enfrentar a concorrência dos produtos de melhor qualidade e menor custo que começaram a chegar aos pontos-de-venda graças à abertura da economia, que reduziu as tarifas sobre as importações.

A Lei do Direito do Consumidor veio alterar drasticamente as relações entre os clientes e as organizações, criando oportunidades para aquelas que se prepararam para atender convenientemente o cliente.

Nos últimos 10 anos, ocorreram no Brasil importantes mudanças demográficas, tais como a redução do tamanho das famílias, a maior participação da mulher no mercado de trabalho e o envelhecimento da população. Cerca de 14 milhões de brasileiros estão na terceira idade, o que gera muitas oportunidades para as organizações capazes de oferecer produtos e serviços para esse segmento com características e comportamento distintos dos demais.

A crescente universalização dos serviços de telefonia celular é um exemplo de como as mudanças tecnológicas podem criar grandes oportunidades para os negócios.

Cabe também mencionar as mudanças a que está sujeito o microambiente de marketing, ou seja, as forças externas (clientes, concorrentes, distribuidores, fornecedores) que a organização pode de alguma forma controlar através de estratégias. As organizações devem desenvolver sistemas de inteligência de marketing que permitam aos seus gestores antecipar-se às mudanças no macro e no microambiente de marketing.

Segundo Kotler (2000:96-7), "uma oportunidade de marketing existe quando a empresa pode lucrar ao atender às necessidades dos consumidores de um determinado segmento. Uma ameaça ambiental é um desafio imposto por tendência ou desenvolvimento desfavorável que levaria, na ausência de uma ação de marketing defensiva, à deterioração das vendas ou lucros". A figura 4 mostra as matrizes de oportunidades e de ameaças.

Figura 4
MATRIZES DE OPORTUNIDADES E AMEAÇAS

MATRIZ DE OPORTUNIDADES

Probabilidade de sucesso   Oportunidades

	Alta	Baixa
Alta	1	2
Baixa	3	4

Atratividade

1. A empresa desenvolve um sistema de iluminação mais poderoso.
2. A empresa desenvolve um dispositivo para medir a eficiência energética de qualquer sistema de iluminação.
3. A empresa desenvolve um dispositivo para medir níveis de iluminação.
4. A empresa desenvolve um *software* para ensinar fundamentos de iluminação para o pessoal dos estúdios de televisão.

MATRIZ DE AMEAÇAS

Probabilidade de ocorrência   Ameaças

	Alta	Baixa
Alta	1	2
Baixa	3	4

Gravidade

1. Um concorrente desenvolve um sistema de iluminação superior.
2. Depressão econômica forte e prolongada.
3. Altos custos.
4. Legislação reduz o número de licenças para estúdios de televisão.

Fonte: Kotler, 2000:99.

Análise das cinco forças de Porter

Segundo Porter (1986:22), "a essência da formulação de uma estratégia competitiva é relacionar uma companhia ao seu meio ambiente. Embora o meio ambiente relevante seja muito amplo, abrangendo tanto forças sociais como econômicas, o aspecto principal do meio ambiente da organização é a indústria[5] ou as indústrias em que ela compete. Forças externas à indústria são significativas principalmente em sentido relativo; uma vez que as forças externas em geral afetam todas as organizações na indústria, o ponto básico encontra-se nas diferentes habilidades das organizações em lidar com elas".

Na opinião de Porter, considerado um dos maiores especialistas em estratégia competitiva, o grau de concorrência numa indústria é determinado por cinco forças competitivas básicas: ameaça de novos entrantes; ameaça de produtos ou serviços substitutos; poder de negociação dos fornecedores; poder de negociação dos clientes; e rivalidade entre as organizações existentes.

Outros estudiosos deram valiosas contribuições para a gestão estratégica: Gary Hamel e C. K. Prahalad introduziram os conceitos de arquitetura estratégica e competências centrais; H. Igor Ansoff formulou o conceito de nível de turbulência do ambiente externo a um negócio, a chamada escala de turbulência de Ansoff; Andrew Campbell e Kenichi Ohmae criaram os 3 Cs estratégicos; e Richard Pascale elaborou a teoria do balanceamento da empresa utilizando os 7 S.

Contudo, com sua análise das cinco forças competitivas, Porter concluiu que a concorrência numa indústria não se limita apenas aos participantes estabelecidos. Todos os agentes, com maior ou menor importância, são concorrentes para as

---

[5] Para Porter, indústria é um segmento de negócio.

organizações naquela indústria. Porter (1986:24) chama essa concorrência de "rivalidade ampliada".

Todas as organizações têm seus pontos fortes e fracos quando concorrem numa determinada indústria, e esses pontos fortes e fracos mudam constantemente ao longo do tempo.

Novos entrantes na indústria

A ameaça de entrada de concorrentes numa indústria irá depender das barreiras existentes e da reação que os novos concorrentes esperam por parte daqueles já estabelecidos nessa indústria. As principais barreiras à entrada de concorrentes são:

- economia de escala — se o entrante fixar-se em larga escala, poderá enfrentar a reação das organizações estabelecidas; se fixar-se em baixa escala, terá desvantagem de custo;
- diferenciação de produto — o entrante arcará com altos custos para superar os vínculos já criados pelos concorrentes estabelecidos na indústria, ou seja, a fidelidade dos clientes;
- necessidade de capital — o entrante terá que investir grandes quantias em publicidade inicial e pesquisa e desenvolvimento de produtos, sem expectativa de retorno;
- custos de mudança — o entrante deverá dispor de recursos para convencer o cliente a trocar um fornecedor já tradicional por seu produto ou serviço;
- acesso aos canais de distribuição — o entrante terá que persuadir os canais de distribuição a trocarem os produtos dos concorrentes já estabelecidos pelos seus. Isso acarreta altos custos com descontos, bonificações, consignações e campanhas de publicidade e reduz os lucros do entrante;
- desvantagens de custos independentes de escala — localizações privilegiadas, subsídios oficiais, curva de aprendizagem ou de experiência, tecnologia patenteada do produto, aces-

so favorável às matérias-primas, tudo isso confere aos concorrentes já estabelecidos vantagens que o entrante não terá condições de igualar e suplantar;
- políticas governamentais — exigindo licenças de funcionamento e impondo barreiras tarifárias ou técnicas (por exemplo, poluição do meio ambiente, restrição à mão-de-obra infantil ou desqualificada, conformidade do produto), o governo pode restringir a entrada de novos concorrentes na indústria.

Segundo Porter (1986:34), "na maioria das indústrias, os movimentos competitivos de uma firma têm efeitos notáveis em seus concorrentes e podem, assim, incitar à retaliação ou aos esforços para conter esses movimentos; ou seja, as empresas são mutuamente dependentes".

A rivalidade na indústria descrita por Porter é conseqüência da interação de vários fatores estruturais, tais como:

- concorrentes numerosos ou bem equilibrados;
- crescimento lento da indústria;
- elevados custos fixos ou de armazenamento;
- ausência de diferenciação ou custos de mudança;
- expansão da capacidade;
- concorrentes divergentes;
- grandes interesses estratégicos;
- barreiras de saída elevadas.

Ainda segundo Porter (1986:36), as "barreiras de saída são fatores econômicos, estratégicos e emocionais que mantêm as companhias competindo em atividades mesmo que estejam obtendo retornos baixos ou até negativos sobre seus investimentos". As principais barreiras de saída são:

- ativos especializados com altos custos de transferência ou conversão;

- custos fixos de saída, como acordos trabalhistas, legislação sobre manutenção de garantias e assistência técnica;
- inter-relações estratégicas, como instalações compartilhadas ou imagem institucional e de marketing positiva por estar naquela indústria;
- barreiras emocionais dos acionistas majoritários ou da administração;
- restrições de ordem governamental e social para evitar desemprego ou degradação regional.

O gestor deve avaliar em conjunto as barreiras de entrada e de saída, já que elas estão quase sempre inter-relacionadas.

Ameaças de produtos ou serviços substitutos na indústria

De qualquer forma, numa indústria, as organizações estão sempre competindo com indústrias que fabricam produtos substitutos. O aumento da demanda de produtos substitutos de outras indústrias pode reduzir os retornos potenciais daquela indústria. Produtos substitutos são aqueles que podem desempenhar a mesma função do produto da indústria, mas não têm necessariamente a mesma forma. Porter (1989:252) esclarece o conceito de produto substituto: "a função desempenhada por um produto depende de seu papel na cadeia de valores do comprador. Um produto é utilizado pelo comprador para executar alguma ou algumas atividades. Um caminhão ou um trem podem ser usados, para a mesma finalidade — transporte de mercadorias — e em alguns casos um pode ser substituto do outro, tendo em vista o custo do frete".

Poder de negociação dos compradores na indústria

Os clientes também competem com a indústria, demandando produtos de melhor qualidade a preços mais baixos, o que afeta a rentabilidade das organizações.

Ultimamente, no Brasil, o grande varejo vem mostrando maior poder de negociação com os fornecedores, inclusive com as marcas líderes, que antes conseguiam impor suas condições de venda. Quando um cliente ou grupo de clientes é poderoso, observam-se as seguintes condições:

- o cliente está concentrado ou adquire grandes volumes em relação às vendas do fornecedor, sendo portanto um comprador importante;
- o custo dos produtos que ele adquire à indústria tem grande peso nos custos totais do cliente;
- a padronização dos produtos adquiridos impede um relacionamento mais estreito entre cliente e fornecedor em função da adaptação ou diferenciação desses produtos;
- são baixos os custos de mudança para o cliente;
- o cliente consegue lucros baixos e, portanto, pressiona a cadeia de fornecimento a reduzir seus custos;
- os clientes representam uma ameaça concreta de integração retrógrada, ou seja, dispõem das competências essenciais para produzir seus próprios insumos;
- o produto da indústria não é importante para a qualidade dos produtos ou serviços do cliente;
- o cliente tem ampla informação sobre preços e demanda total do mercado, pressionando assim por melhores condições de fornecimento.

Poder de negociação dos fornecedores

As indústrias que não podem repassar os aumentos de custos para seus preços são sensíveis a fornecedores com poder de elevar os preços e reduzir os serviços e a qualidade dos produtos fornecidos. A rentabilidade de uma indústria com pouco poder sobre seus fornecedores pode ser por eles absorvida.

Um grupo fornecedor se torna poderoso quando:

- poucas empresas dominam a indústria, sendo a indústria do fornecedor mais concentrada do que a indústria à qual vende seus produtos e serviços;
- não existem produtos substitutos disputando com seus produtos na indústria compradora;
- a indústria tem pouca relevância para o negócio das organizações fornecedoras;
- o produto dos fornecedores tem grande importância para o negócio do cliente;
- são altos os custos de mudança para a indústria compradora, devido à não-padronização dos produtos dos fornecedores, o que torna difícil para os clientes barganhar uma redução de custos ou jogar um fornecedor contra o outro;
- os fornecedores representam uma ameaça concreta de integração à frente.

É importante frisar que as condições que determinam o poder, seja dos fornecedores ou dos clientes, mudam constantemente e estão fora do controle da organização. No entanto, a estratégia desenvolvida pode melhorar a situação de uma organização em relação a fornecedores, clientes, produtos substitutos e entrantes potenciais na indústria.

Apesar dos processos de desregulamentação dos mercados e da privatização de muitas atividades exercidas pelo Estado nas últimas duas décadas no Brasil e no restante do mundo, o governo ainda é um grande cliente e fornecedor que influencia a concorrência na indústria. Barreiras técnicas, subsídios, medidas compensatórias, política fiscal e mudanças na legislação são alguns dos instrumentos que o governo pode utilizar para defender seus interesses na indústria.

Segundo Porter (1999:40), "após avaliar as forças que influenciam a competição no setor e as respectivas causas subjacentes, o estrategista empresarial tem condições de identificar os pontos fortes e fracos da empresa. Em seguida, o estrategista é capaz de desenvolver um plano de ação que inclui: o posicionamento da empresa, de modo que suas capacidades proporcionem a melhor defesa contra as forças competitivas; a influenciação no equilíbrio das forças, através de manobras estratégicas; a antecipação de mudanças nos fatores subjacentes às forças e da reação da empresa a essas alterações, na esperança de explorá-las de modo favorável, através da escolha de uma estratégia adequada ao novo equilíbrio competitivo antes de seu reconhecimento pelos concorrentes".

Análise do ambiente interno (forças e fraquezas)

Ao avaliar as forças e fraquezas da organização, o gestor deve procurar identificar o que ela faz melhor do que as concorrentes, ou seja, sua competência básica, aquilo que lhe permite diferenciar-se de suas concorrentes.

Uma *check-list*, como propõe Kotler (1999), pode facilitar a análise dos pontos fortes e fracos da organização, trabalho que deve contar também com a participação dos gestores das demais áreas da organização.

Reputação da organização, qualidade do produto ou serviço, preço, distribuição, promoção, inovação e cobertura geográfica são alguns pontos importantes a serem analisados, assim como custo e disponibilidade do capital, fluxo de caixa, estabilidade financeira, economia de escala, competência para produção pontual, liderança dos executivos e capacidade empreendedora e inovadora da organização. O gestor deve procurar identificar os pontos fortes existentes e desenvolver outros que permitam à organização aproveitar as novas oportunidades que surgem no mercado. A oportunidade de marketing é o atendimento da necessidade do cliente ou grupo de clientes de uma forma diferenciada da concorrência e rentável para a organização.

No tocante às fraquezas, as organizações evidentemente não podem eliminar todos os seus pontos fracos, mas devem esforçar-se para suprimir aqueles que a impeçam de desenvolver uma ação defensiva de marketing ante uma ameaça do ambiente externo capaz de deteriorar-lhes as vendas e o lucro.

6

Planejamento, implementação e controle de marketing

Para disputar o jogo competitivo, a organização precisa analisar os clientes, selecionar os mercados-alvo e utilizar as ferramentas do marketing *mix* para atender às necessidades desses mercados. Cabe aos gestores de marketing elaborar estratégias compatíveis com os recursos e o posicionamento da organização, bem como ajustá-las constantemente às alterações do ambiente, tendo em vista entregar valor superior a seus clientes de modo lucrativo. Isso envolve análise, planejamento, implementação e controle.

Análise e planejamento têm a ver com o estudo dos mercados e do ambiente em que se insere a organização, visando identificar oportunidades e formular estratégias para aproveitá-las. Geralmente é mais fácil elaborar estratégias do que pô-las em prática.

Já a implementação requer um trabalho coordenado dos profissionais dos diversos níveis da organização.

Além disso, cumpre controlar o andamento da implementação, a fim de efetuar as correções necessárias e garantir o cumprimento dos objetivos planejados.

Elaboração do planejamento de marketing

Como vimos no capítulo anterior, o plano estratégico define a missão e os objetivos gerais da organização. Cada unidade de negócios deve preparar seus planos funcionais, incluindo o de marketing. Os planos de marketing podem incluir planos de produto, de marca ou de mercado. À gerência de marketing compete as funções de análise, planejamento, implementação e controle, que por sua vez realimentam o processo. Porém, isso não significa que tais funções não possam ser exercidas em outra seqüência ou mesmo simultaneamente. A figura 5 mostra o processo de planejamento estratégico no qual está inserido o plano de marketing.

Para elaborar um plano de marketing, é necessário formular algumas questões. Por exemplo:

- que ambiente econômico e de negócio está sendo experimentado?
- que oportunidades e problemas se apresentam?
- que resultados se espera alcançar?
- o que exatamente se vende?
- quem são seus concorrentes?
- quem são seus clientes?
- por que eles devem comprar o seu produto ou serviço em vez daqueles oferecidos por seus concorrentes?
- como divulgar seu produto ou serviço aos clientes?
- quem fará o quê? Quando?
- quanto custará? Qual é o retorno?
- como medir o progresso, de forma a possibilitar ajustes?

Eis algumas razões para elaborar-se um plano de marketing:

- disciplinar o processo de planejamento;
- dar sentido estratégico a uma organização ou unidade de negócio;

Figura 5

PROCESSO DE PLANEJAMENTO ESTRATÉGICO

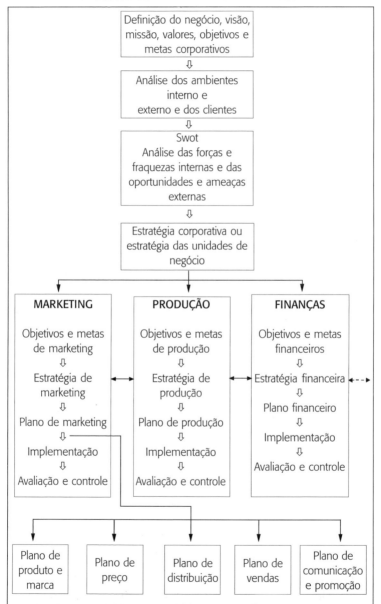

- fornecer um plano de ação para as atividades de marketing;
- fazer um registro formal das decisões relacionadas ao marketing;
- solicitar verbas/orçamento;
- solicitar recursos internos;
- orientar o diálogo com a gerência sênior;
- comunicar as prioridades do marketing a outras áreas da organização;
- obter o envolvimento de outras áreas da organização.

Estrutura básica do plano de marketing

O plano de marketing é um documento formal que descreve, com maior ou menor grau de detalhamento, as ações que uma organização deve empreender para cumprir seus objetivos de marketing, os prazos e os recursos necessários para tanto, bem como define onde ela está e aonde deseja chegar, e quem será responsável pela execução das estratégias adotadas.

O plano de marketing engloba tanto os aspectos estratégicos quanto táticos das ações da organização. Ele não segue um determinado padrão, mas seus componentes essenciais são: resumo executivo e sumário, análise da situação, ameaças e oportunidades, objetivos e questões, estratégias de marketing, programas de ação ou táticas de marketing, avaliação financeira, implementação e controles, discriminados a seguir.

Resumo executivo e sumário

Breve sinopse do plano, na qual se descrevem o produto ou serviço, a vantagem diferencial sobre a concorrência, os investimentos necessários e os resultados, as vendas e os lucros projetados. Sua leitura deve permitir à alta administração informar-se acerca das linhas mestras do plano. O sumário visa facilitar a localização dos principais pontos.

Análise da situação

Identificação dos pressupostos básicos do planejamento, considerando os ambientes externo e interno.

- Macroambiente
  Descrição do macroambiente, através de tópicos como os listados a seguir.
    - Situação e tendências relevantes (econômicas, demográficas, culturais, tecnológicas, políticas e legais).
    - Para cada fator, responder à questão: "qual o seu impacto no meu negócio?"

- Mercado
  Descrição da estrutura do mercado como um todo, através de tópicos como os listados a seguir.
    - Breve histórico.
    - O estágio de evolução da demanda em que se encontra (inicial, em crescimento, maduro ou em declínio).
    - Tamanho atual, potencial e taxa de crescimento.
    - A ocorrência de oscilações de demanda características de sazonalidade.
    - Os canais de distribuição típicos.
    - Os fatores-chave de sucesso para as empresas atuantes nesse mercado.
    - Principais tendências.

- Clientes
  Descrição do mercado comprador, através de tópicos como os listados a seguir.

- Quem são os maiores clientes? E os mais lucrativos?
- Quais são os segmentos de mercado típicos, considerando as características demográficas, geográficas e psicográficas, os benefícios procurados e a sensibilidade a preço?
- Quantificar cada segmento, em termos de tamanho, volume de compra e freqüência de compra.
- Quais produtos cada segmento compra?
- Quanto? Como? Onde? Quando? Por quê?
- Quem decide? Usa? Influencia?
- Se for o caso, por que não compram? Por que compram do concorrente?

- Concorrência
  Descrição do mercado de concorrentes, através de tópicos como os listados a seguir.
  - Quais são os concorrentes atuais? Potenciais?
  - Vendas, *market-share*, rentabilidade, crescimento.
  - Quais são suas características, estratégias, mercados-alvo?
  - Quais produtos ou serviços oferecem? A que preço? Através de quais canais? Como diferem dos seus?
  - Como se posicionam? Como comunicam e promovem suas vendas?
  - Quais as forças e fraquezas dos principais concorrentes em relação à sua organização?

- A organização
  Descrição da situação da empresa, através de tópicos como os listados a seguir.
  - Evolução do desempenho de vendas, *market-share* e rentabilidade, por produto/mercado.
  - Nível de satisfação e retenção de clientes.

- Nível de qualidade percebida de produtos.
- Imagem de marca/institucional percebida pelos clientes.
- Nível de custo relativo à concorrência.
- Freqüência de lançamento de novos produtos.
- Qualidade dos relacionamentos com fornecedores e distribuidores.

Ameaças e oportunidades

Trata-se de avaliar as ameaças e oportunidades para os produtos da organização, a probabilidade e o dano ou benefício potencial de cada uma delas, prevendo medidas com relação às mais relevantes:

- forças — que forças internas em sua organização/produto, em comparação com as dos concorrentes, contribuem para aumentar as vendas e a satisfação dos clientes?
- fraquezas — que deficiências internas em sua organização/produto, em comparação com as dos concorrentes, contribuem para reduzir as vendas e a satisfação dos clientes?
- oportunidades de marketing — que fatores externos sua organização pode aproveitar para aumentar as vendas e a satisfação dos clientes?
- ameaças — que circunstâncias impostas por uma tendência desfavorável à sua organização/produto podem exigir uma reação para impedir a redução das vendas e da satisfação dos clientes?

Objetivos e questões

A partir da análise das ameaças e oportunidades é possível estabelecer os objetivos do plano e as questões subjacentes ao cumprimento desses objetivos. É importante que tais objetivos sejam, na medida do possível, quantificados, demonstrando-se sua importância e traçando-se um quadro preciso e realista do futuro desejado para a organização.

Os gestores de marketing devem explicitar os resultados quantificáveis que se pretende alcançar com o plano de marketing, reunindo dados sobre volume de vendas, *market-share* e lucratividade num determinado período, em comparação com períodos anteriores.

Tais planos costumam estabelecer de um a três objetivos de marketing ou financeiros. Por exemplo:

- alcançar vendas de 35.500 unidades de caixas de lápis em 2001, ou seja, um aumento de 5,4% em relação a 2000;
- obter um retorno sobre o investimento de 15% a.a., após impostos, em 2000.

Estratégias de marketing

Trata-se de definir estratégias específicas para mercados-alvo, o *mix* de marketing e o nível de gastos com marketing. Ao formular a estratégia geral de marketing que a organização utilizará para alcançar os objetivos do plano, os gestores deverão considerar as seguintes questões:

- Em que mercado ou indústria se estará competindo?
- Quem são os clientes-alvo?
- Como se posicionará a organização ou marca? Por que deveriam os clientes comprar seus produtos em vez dos do concorrente?
- Quais as principais modificações em termos de produto, preço, distribuição, comunicação e promoção, e pesquisa e avaliação?

Programas de ação ou táticas de marketing

As estratégias de marketing devem transformar-se em programas de ação visando responder às seguintes questões: o que será feito? Quando? Quem é o responsável? Quanto irá custar? O plano tático deve ser o mais detalhado possível, contemplando a programação do composto de marketing. Cabe aos gestores de marketing especificar o orçamento de marketing para cada ação planejada.

Avaliação financeira

Segundo Ambrósio (1999), a avaliação financeira deve contemplar as projeções de receitas, custos e despesas e a contribuição de marketing, assim como a análise do retorno financeiro, de modo simples e objetivo.

Hipóteses econômicas

Consistem nas premissas econômicas para o horizonte de planejamento. Geralmente envolvem inflação, PIB, câmbio e juros. São utilizadas para efeito de ajuste dos valores no tempo.

Projeções

Consistem nas previsões em termos de vendas, preços praticados e custos durante o horizonte do planejamento.

Pode-se utilizar diversos métodos, baseados em: julgamento dos executivos da empresa, da equipe de vendas ou de especialistas; pesquisa de mercado; análise de séries temporais, procurando-se estimar o futuro a partir do desempenho passado; associações causais, através das quais busca-se identificar relações de causa-efeito entre variáveis (como a temperatura ambiente e o nível de vendas de ventiladores) e estimar o comportamento futuro destas variáveis.

Demonstração de perdas e lucros

Consiste na apresentação dos resultados financeiros obtidos, envolvendo as projeções de receitas, custos, lucro bruto, despesas de marketing e a resultante contribuição de marketing (diferença entre o lucro bruto e as despesas de marketing).

Análises de retorno sobre o investimento e de sensibilidade

A primeira consiste na avaliação da atratividade financeira do projeto.

Podem ser utilizados diversos métodos, entre os quais o de *pay-back* (prazo de retorno), ROI (retorno sobre investimento), TIR (taxa interna de retorno) e NPV (valor presente líquido).

A análise de sensibilidade consiste na avaliação do projeto tendo em vista a variação de alguns fatores, como receitas e custos operacionais ou de capital, geralmente segundo três hipóteses: realista, pessimista e otimista.

Para obter esclarecimentos adicionais sobre os diversos métodos de análise de retorno sobre investimento e análise de sensibilidade, consulte *Finanças corporativas*, da Série Gestão Empresarial das Publicações FGV Management.

Implementação e controle

Os gestores de marketing devem estabelecer mecanismos de implementação e controle no planejamento de marketing, a fim de poder organizar as ações, analisar o desempenho e tomar medidas corretivas.

Isto envolve agrupar num quadro-resumo o detalhamento da programação das atividades, os respectivos prazos, as datas-limite e os responsáveis, e determinar os recursos necessários.

E, finalmente, estabelecer as variáveis de controle, as respectivas metas e a regularidade de verificação do desempenho (por exemplo, participação de mercado, volume de vendas e margem de contribuição de marketing, apurados mensalmente).

Processo de implementação e controle do plano de marketing

Etapas cruciais para o sucesso do planejamento de marketing são a implementação e o controle do plano. De nada adianta dispor de tempo e recursos suficientes para o planejamento se não houver capacidade para implementar as ações previstas e de acompanhar eficazmente seus resultados, visando empreender, quando necessário, ações corretivas.

A organização do departamento de marketing

O modo como o departamento de marketing da empresa está organizado influencia tanto a formulação como a implementação das estratégias de marketing. A necessidade de maior agilidade no processo decisório de marketing tem impactado na forma como as organizações são estruturadas. Segundo Etzel, Walker e Stanton (2001:582), "em um certo sentido, as estruturas verticais tradicionais estão sendo substituídas pelas organizações horizontais. É importante destacar algumas tendências específicas:

❑ Menor número de níveis organizacionais;
❑ Equipes multifuncionais;
❑ Autoridade aos funcionários".

Existem cinco tipos de organização possíveis de serem adotadas para o departamento de marketing, descritos a seguir.

Organização por função de marketing

Neste tipo de organização, a área de marketing tem vários gerentes que atuam separadamente de acordo com a especialização de sua função — promoção, produto, vendas —, todos subordinados a um diretor ou vice-presidente de marketing. As principais vantagens deste tipo de organização são a simplicidade administrativa — definem-se claramente as atribuições e responsabilidades — e a menor necessidade de pessoal, em comparação com os outros tipos de organização.

Em compensação, é muito difícil coordenar essas funções. Nem sempre os gerentes concordam quanto às prioridades para cada produto e segmento de mercado. Portanto, podem ocorrer falhas por falta de sinergia entre as ações de cada área funcional. Além disso, o conflito entre estas áreas aumenta, pois todas lutam por recursos limitados. Um meio de resolver esses problemas pode ser a participação efetiva do diretor ou vice-presidente de marketing na coordenação das ações e na resolução dos conflitos.

Organização por área geográfica

Nesse caso, temos gerências e equipes funcionais específicas para cada área geográfica em que a empresa atua, sejam países ou regiões de um mesmo país. Esta estrutura mostra-se mais adequada para organizações que atuam em mercados onde as características demográficas e culturais de cada localidade são marcantes, podendo o composto de marketing adaptar-se a essas características.

Como desvantagens cabe citar a necessidade de maior número de funcionários, devido à necessária superposição de funções, e a dificuldade para implementar ações centralizadas.

Organização por produto

Aqui os gerentes de produtos são responsáveis por todos os aspectos do marketing *mix* para aquele(s) determinado(s) produto(s), podendo assim combinar eficazmente as ações de marketing e reagir mais rapidamente aos problemas do mercado. Nesse tipo de organização é mais difícil que um produto de menor expressão venha a ser negligenciado, pois todo produto tem um gerente encarregado de buscar para ele novos investimentos e alternativas.

Por outro lado, como esses gerentes se tornam especialistas no produto, necessitam da colaboração de especialistas funcionais, o que acarreta maior necessidade de pessoal e superposições de funções.

Etzel, Walker e Stanton (2001:584) enfatizam que "esse tipo de organização adapta-se especialmente bem para as empresas que comercializam:

❏ Produtos técnicos complexos: um fabricante de diversos produtos eletrônicos;
❏ Produtos não-relacionados ou não-similares: uma empresa que comercializa malas, mesas e cadeiras dobráveis e brinquedos de montagem com blocos;
❏ Milhares de itens: um atacadista de ferragens".

Organização por mercado

Nesse caso designam-se gerentes para os principais mercados em que a organização atua, e as ações de marketing visam atender às necessidades de diferentes grupos de clientes. As vantagens e desvantagens são semelhantes às da organização por produto, ou seja, os gerentes podem desenvolver compostos de marketing mais eficazes para seus respectivos grupos de clientes, mas também necessitam do apoio de especialistas nas diversas funções de marketing.

Podemos considerar também uma variação desse tipo de organização que é a organização por contas principais. Nesse caso, a distinção dos clientes é feita em função de sua importância para a organização e não por seu segmento de atuação. Uma equipe de marketing e vendas assume a responsabilidade de gerenciar todos os aspectos do relacionamento com esses clientes principais.

Organização matricial

A organização matricial combina as principais dimensões dos outros tipos de organização. Em geral a combinação envolve produto e mercado, mas pode ser por função e produto ou por produto e área geográfica etc. Assim, designam-se especialistas para cada produto, mercado ou área geográfica de acordo com a necessidade, o que permite à organização aproveitar melhor a capacidade dos funcionários sem necessitar de grandes contingentes. Porém, o especialista pode às vezes sentir-se confuso, pois passa a ter atribuições e responsabilidades em várias áreas.

Implementação das ações de marketing

A boa implementação das ações de marketing é fundamental para o sucesso da organização. No ambiente empresarial, devemos considerar que tanto a estratégia quanto a implementação podem ser boas ou ruins, o que resulta em quatro possibilidades:

❏ estratégia boa + implementação boa;
❏ estratégia ruim + implementação ruim;
❏ estratégia boa + implementação ruim;
❏ estratégia ruim + implementação boa.

A figura 6, a seguir, retrata essas possibilidades:

Figura 6

ESTRATÉGIA E IMPLEMENTAÇÃO: POSSIBILIDADES

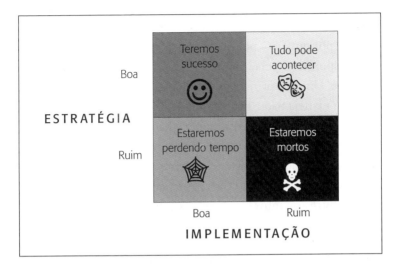

O sucesso é garantido quando uma boa estratégia é bem implementada. Já uma boa estratégia mal implementada não garante a obtenção dos resultados desejados. Nesse caso, tudo pode acontecer. Implementar bem uma estratégia ruim, por outro lado, é pura perda de tempo. Finalmente, uma estratégia ruim e mal implementada é o caminho mais curto para o fracasso.

Segundo Kotler e Keller (2006:721), "enquanto a estratégia aponta o quê e o porquê das atividades de marketing, a implementação indica quem, onde, quando e como". Assim, uma ferramenta fundamental para uma boa implementação é o 5W2H, que define:

❑ *what* (o quê?) — que ação deverá ser implementada? Cada ação deve ser específica e clara, a fim de que o responsável por sua implementação tenha absoluta certeza do que fazer. Caso contrário, ficará inseguro, aumentando assim a probabilidade de erro;

- *who* (quem?) — que pessoa é responsável por sua implementação? É importante saber também se esse indivíduo vai incumbir-se pessoalmente da tarefa ou delegá-la a outrem, e se reúne os requisitos necessários para tanto;
- *why* (por quê?) — por que esta ação deve ser implementada? O responsável pela ação deve ter clara noção de sua importância. Um dos principais problemas do planejamento é que quem planeja não é necessariamente quem implementa. Para este último, é importante saber quão relevante é a ação;
- *where* (onde?) — onde deverá ser implementada a ação?
- *when* (quando?) — quando deverá ser implementada a ação?
- *how* (como?) — como deverá ser implementada a ação?
- *how much* (quanto?) — quanto custará implementar a ação?

As perguntas referentes a quando e quanto são tão importantes que merecem a utilização de ferramentas específicas. Para a primeira temos o cronograma; para a segunda, o orçamento.

Como diz Costa (2002:210), "quem vai assegurar, *a priori*, que há recursos financeiros para todas as propostas de investimentos aprovadas? Das muitas propostas apresentadas, quais são as prioritárias? Comparando-se as relações benefício/recursos ou benefício/custo, quais os investimentos que apresentam os melhores resultados relativos? De onde virão os recursos para honrar os investimentos propostos e aprovados? O documento que resume todas essas respostas é o orçamento estratégico".

O montante de recursos financeiros disponível para cada ação de marketing deve ser estipulado antes de começar a implementação. Ainda segundo Costa (2002:211), "ordenar as atividades de acordo com o critério tempo e importância, de forma que se possa avaliar, aprovar e acompanhar, é um elemento-chave para a implantação de qualquer gestão estratégica. Um cronograma de implantação estabelece os grandes marcos de implementação, as datas nas quais são esperados resultados mensuráveis e observáveis e os responsáveis pelos respectivos projetos e investimentos".

Controle das ações de marketing

O controle das ações de marketing consiste no acompanhamento e na avaliação dos resultados alcançados. O quadro 14 apresenta as principais formas de controle utilizadas pela área de marketing.

Quadro 14

PRINCIPAIS FORMAS DE CONTROLE

Tipo de controle	Responsabilidade principal	Propósito de controle	Abordagens
1. Controle do plano anual	Alta gerência Média gerência	Verificar se os resultados planejados estão sendo obtidos.	❑ Análise de vendas ❑ Análise da participação de mercado ❑ Análise das despesas de marketing em relação às vendas ❑ Análise do desempenho em relação ao mercado ❑ Rastreamento da satisfação do consumidor
2. Controle da lucratividade	*Controller* de marketing	Examinar onde a empresa está ganhando e perdendo dinheiro.	❑ Rentabilidade por: produto, território, cliente, segmento, canal comercial, tamanho dos pedidos.

continua

Tipo de controle	Responsabilidade principal	Propósito de controle	Abordagens
3. Controle da eficiência	Gerentes de linha de frente e de apoio Controller de marketing	Avaliar e aperfeiçoar a eficiência dos gastos e o impacto das despesas de marketing.	❑ Eficiência da: força de vendas, propaganda, promoção de vendas, distribuição.
4. Controle estratégico	Alta gerência Auditor de marketing	Examinar se a empresa está perseguindo suas melhores oportunidades em termos de mercados, produtos e canais.	❑ Análise da eficácia do marketing ❑ Auditoria de marketing ❑ Análise da excelência em marketing ❑ Análise da responsabilidade ética e social da empresa

Fontes: Adaptado de Kotler, 2000:713; e Kotler e Keller, 2006:722.

Controle do plano anual

Várias são as ferramentas utilizadas no controle do plano anual:

❑ análise de vendas — verifica a relação entre as vendas efetivas e as metas originais. Por meio desses dados pode-se verificar quais produtos, segmentos e canais estão atingindo ou não seus resultados e descobrir o porquê;
❑ análise da participação de mercado — as vendas nem sempre retratam a eficiência das ações de marketing. A organização pode estar aumentando as vendas, mas apenas mantendo ou até perdendo *market-share*. Isto significa, no primeiro caso, que ela está sendo pouco eficiente, pois o crescimento refe-

re-se ao crescimento natural do mercado, e, no segundo caso, que está sendo menos eficientes que os concorrentes;
- análise das despesas de marketing em relação às vendas — trata-se de analisar os resultados de vendas com base nos investimentos feitos. A organização aumenta as vendas em $ 200 mil, mas gasta $ 150 mil a mais em propaganda. Ela foi eficiente? Nem tanto;
- análise do desempenho em relação ao mercado — visa avaliar o desempenho da empresa em relação aos concorrentes e às condições do mercado. Obtém subsídios a partir das outras análises e fornece um mapeamento dos pontos fortes e fracos da empresa;
- rastreamento da satisfação do consumidor — a satisfação do cliente é um objetivo que as organizações orientadas pelo marketing estão sempre buscando. Afinal, ela pode indicar a repetição de compras e, conseqüentemente, a garantia de receitas futuras. Além disso, clientes satisfeitos fazem boa propaganda boca a boca e sugerem melhorias à organização.

Controle da lucratividade

Trata-se de verificar a lucratividade dos diversos segmentos, produtos e canais de distribuição. Com isso, obtém-se importantes informações que orientarão os investimentos de marketing.

Controle da eficiência

Dizem Kotler e Keller (2006:723), "suponhamos que a análise da lucratividade revele que a empresa está obtendo lucros insuficientes em certos produtos, territórios ou mercados. Haverá maneiras mais eficientes de gerenciar a força de vendas, a propaganda, a promoção de vendas e a distribuição ligadas a essas entidades de marketing?"

Controle estratégico

Tal controle abrange diversos aspectos, descritos a seguir.

Análise da eficácia do marketing

Trata-se de avaliar uma empresa ou divisão em relação ao "grau em que exibe os cinco atributos principais de uma orientação de marketing: a filosofia voltada para o cliente, a organização integrada de marketing, a informação adequada de marketing, a orientação estratégica e a eficiência operacional" (Kotler e Keller, 2006:725). Nessa análise, que tem caráter notadamente qualitativo, levantam-se várias questões, tais como:

- o departamento de marketing reconhece a importância de satisfazer as necessidades e desejos dos clientes da empresa?
- o departamento de marketing consegue adaptar seus produtos aos diferentes mercados atendidos?
- o departamento de marketing consegue integrar as diversas áreas da empresa em prol da satisfação do cliente?
- o departamento de marketing tem boa organização e controla bem suas ações?
- o departamento de marketing obtém informações atualizadas sobre os mercados atendidos?

Auditoria de marketing

Segundo Kotler e Keller (2006:725), "é um exame abrangente, sistemático, independente e periódico do ambiente, dos objetivos, das estratégias e das atividades de marketing de uma empresa ou unidade de negócio, com vistas a determinar áreas problemáticas e oportunidades, bem como recomendar um plano de ação para melhorar o desempenho do marketing".

A auditoria de marketing não é uma prática costumeira. Etzel, Walker e Stanton (2001:591) destacam que "uma auditoria de marketing completa é um projeto extenso e difícil. Essa é a razão pela qual ela é poucas vezes realizada — talvez somente com um intervalo de alguns anos. Entretanto, uma empresa não deve adiar a auditoria de marketing para o momento em que surge uma grande crise".

Análise de excelência de marketing

As ações de marketing da organização encontram-se no que chamamos de estado-da-arte? As práticas são as mais modernas e adequadas possíveis? Neste caso, o *benchmarking* — isto é, " o processo contínuo de medir produtos, serviços e processos com relação aos concorrentes mais fortes ou aos líderes internacionais reconhecido do setor" (Zairi, 1995:42) — torna-se uma poderosa ferramenta. Ao comparar seus produtos e processos com os de outras empresas, concorrentes ou não, a organização pode identificar seus pontos fortes e fracos e promover melhorias.

Análise da responsabilidade ética e social da empresa

A organização atua de forma ética e responsável? Suas ações estão dentro da legalidade? Atualmente, é ponto pacífico que as organizações que atuam dessa maneira são mais capazes de atingir seus objetivos de marketing.

A integração entre a área de marketing e as demais áreas da empresa

A implementação bem-sucedida da estratégia de marketing depende também da adequada integração entre a área de marketing e as demais áreas da empresa, ajustando e coordenando os esforços da empresa. "O marketing pode auxiliar a produção, por exemplo, fornecendo previsões de vendas detalhadas. A produção, por sua vez, pode responder com os produtos de qualidade desejados, precisamente quando é necessário preencher os pedidos dos clientes. Os funcionários do setor de marketing e de finanças podem trabalhar juntos para estabelecer políticas de preços e crédito" (Etzel, Walker e Stanton, 2001:583). Esta integração pode ser facilitada com o uso de equipes multifuncionais.

Adicionalmente, pode ser necessário um esforço de marketing interno para garantir que toda a organização esteja voltada para o sucesso do plano. Assim, Hooley, Saunders e Piercy (2001:344) afirmam que "o processo de marketing interno pode incluir os seguintes tipos de atividades e programas:

- Obter o *apoio* de tomadores de decisão para nossos planos — mas também tudo que aqueles planos implicam em termos de necessidade para conseguir recursos financeiros e de pessoal, possivelmente em conflito com 'políticas' estabelecidas da companhia, e obter o que for necessário de outras funções como departamentos de operação e financeiro para implementar de forma efetiva uma estratégia de marketing;
- Mudar algumas *atitudes e comportamentos* dos funcionários e gerentes, que estão trabalhando em interfaces-chave com os consumidores e distribuidores, para aqueles necessários para fazer os planos funcionarem efetivamente (mas também reforçando atitudes e comportamentos efetivos);
- Obter o *comprometimento* para fazer o plano funcionar e 'adquirir' tarefas-chave de solução de problemas daquelas unidades e indivíduos na empresa cujo suporte ao trabalho é necessário; e

❑ Finalmente, gerenciar *mudanças incrementais na cultura* da 'maneira como sempre fazemos as coisas' para 'a maneira como *precisamos* fazer as coisas para sermos bem-sucedidos' e fazer a estratégia de marketing funcionar".

Ciclo fechado e coerência

Enfim, são quatro as principais funções da administração de marketing: análise, planejamento, implementação e controle. É importante que o ciclo seja fechado, a fim de descobrir possíveis falhas e tomar medidas corretivas — o controle é fundamental.

Por outro lado, os responsáveis pelo marketing devem atentar para uma questão bastante simples, mas que costuma ser esquecida: coerência. Os esforços de marketing devem ser complementares e, principalmente, sinérgicos. Se a organização optar por atender a clientes de alta renda com um produto caro e de qualidade, não deverá pô-lo à venda num ponto que não seja condizente com essas características nem fazer uma comunicação que não as evidencie. Muitos dos erros mais grosseiros em marketing resultam de falta de coerência das decisões tomadas.

Conclusão

A robótica é parte de nosso dia-a-dia, e a comunicação global se faz através de mensagens enviadas a um custo praticamente nulo. O código genético humano foi decifrado e agora é brinquedo nas mãos de cientistas que aceleram um progresso quase mítico e transportam a ficção do cinema para o nosso cotidiano. As barreiras tarifárias caem progressivamente, pondo as empresas locais em contato com as melhores práticas das empresas globais e permitindo ao cliente adquirir produtos com qualidade e preços em nível global. Isso é o presente. Como será daqui a um ano, três anos? Mesmo com tanta informação, conhecimento e tecnologia disponíveis, pode-se prever esse futuro?

O marketing testemunha esses fantásticos avanços e as incertezas daí advindas. Nesse contexto, a gestão de marketing está relacionada aos processos de criação ou identificação de valor. Cumpre implementar políticas de marketing tendo em vista alcançar os resultados estratégicos esperados pela empresa.

Uma das principais atividades da gestão de marketing é estabelecer um sistema de inteligência de negócios que permita ao gestor monitorar a evolução do ambiente nos seus diversos aspectos — econômico, tecnológico, sociocultural ou, ainda, aquele relacionado às forças dos concorrentes e dos agentes ao longo do canal de distribuição — e assim poder antecipar-se às tendências.

Ao estudar o ambiente de negócios, o gestor de marketing pondera as oportunidades que se apresentam à organização e, ao mesmo tempo, as ameaças que ela enfrentará ao tentar cumprir os propósitos estabelecidos para a sua gestão de marketing.

A gestão de marketing é, pois, um processo de mudança na organização, na medida em que o conhecimento do ambiente gerado pelo sistema de inteligência de negócios é aplicado na identificação, criação, desenvolvimento e entrega de valor.

Segundo Kotler, Jain e Maesincee (2002), a grande revolução do marketing é de caráter digital. As organizações devem empreender oito grandes mudanças em sua estrutura organizacional e em sua mentalidade de negócios de marketing. São elas:

- lidar com a democratização da informação;
- destinar bens e serviços a todos;
- perceber o mercado;
- operar com retornos crescentes;
- conquistar acessos;
- buscar a governança de mercado;
- atuar pela rede digital praticando o marketing individual;
- decidir em tempo real.

A gestão de marketing deverá enfrentar os problemas inerentes a todo projeto de mudança da organização. Assim, compete ao gestor de marketing liderar os esforços no sentido de mudar o modo como colaboradores, parceiros e mesmo clientes percebem as tendências, ajudando-os a identificar o valor demandado pelos diversos mercados, obtendo sua adesão aos projetos da empresa e incentivando, enfim, o melhor desempenho de todos.

Segundo Kotler (1994), para fazer com que as pessoas efetivamente participem do processo de mudança e construção de valor idealizado pela empresa, o gestor deverá:

- criar um senso de urgência, antecipando-se às crises ou oportunidades potenciais e estabelecendo prazos para o cumprimento dos objetivos definidos;
- formar uma forte coalizão, encorajando colaboradores e parceiros a atuar como equipe e incentivando a criação de clubes e comunidades de clientes;
- criar estratégias para pôr em prática a visão de negócios acordada e compartilhada por todos os envolvidos no processo;
- difundir essa visão, incentivando novas atitudes e comportamentos por todos os meios possíveis;
- conferir poderes (*empower*), modificando sistemas e estruturas que possam atravancar o processo de mudança e incentivando a aceitação do risco, as idéias inovadoras e as ações não-convencionais;
- reconhecer e premiar as pequenas vitórias conducentes à visão buscada;
- consolidar as vitórias iniciais para poder promover mudanças mais profundas, graças à credibilidade alcançada;
- institucionalizar a nova abordagem, desenvolvendo a liderança e criando quadros de sucessão.

Assim, o mais efetivo processo de gestão de marketing é aquele que combina análise e intuição, razão e emoção, fugindo do lugar-comum para encontrar novas formas de fazer negócios e de criar valor para o cliente.

No fundo, as organizações de sucesso têm algo em comum. Muito mais que desafios, o que as move é a preocupação com os clientes e suas necessidades. Elas têm uma tradição de compromisso com a qualidade, não se detendo apenas no aspecto financeiro. Enxergam o produto ou serviço e o que ele representa para o cliente. Buscam incessantemente sistemas para monitorar o desempenho e fazem regularmente auditorias, não só de seus produtos e serviços, mas também da concorrência. Praticam com seriedade o sistema de atendimento às reclamações dos clientes e buscam não só a satisfação destes, mas também de seus empregados, estando aí a chave de seu sucesso.

Bibliografia

Albretcht, Karl. *Revolução nos serviços.* 2 ed. São Paulo, Pioneira, 1992.

_____. *Service within: solving de middle management leadership crisis.* Illinois, Business One Irwin, 1995.

Ambrósio, Vicente. *Plano de marketing passo a passo.* São Paulo, Reichmann & Affonso, 1999.

Berry, Leonard L. *Serviços de satisfação máxima: guia prático de ação.* Rio de Janeiro, Campus, 1996.

_____ & Parasuraman, A. *Serviços de marketing competindo através da qualidade.* 3 ed. São Paulo, Maltese, 1995.

Bethlem, Agrícola. *Estratégia empresarial: conceitos, processo e administração estratégica.* São Paulo, Atlas, 1999.

Branstad, Paul & Lucier, Chuck. The case for practical visionairies. *Strategy & Business* (22):42-53, 2001.

Buckley, P. J.; Pass, C. L. & Prescott, K. Measures of international competitiveness. *Journal of Marketing Management,* 4 (2), 1988.

Buzzell, Robert D. & Gale, Bradley T. *PIMS: o impacto das estratégias de mercado no resultado das empresas.* São Paulo, Pioneira, 1991.

Cespedes, Frank V. *Marketing integrado: conjugando produto, vendas e serviços para ser mais competitivo.* São Paulo, Futura, 1996.

Chakrapani, Chuck. *How to measure service quality and customer satisfaction: the informal field guide for tools and techniques.* Chicago, American Marketing Association, 1997.

Churchill, Gilbert A. *Marketing: criando valor para os clientes.* São Paulo, Saraiva, 2000.

Clancy, Kevin J. & Krieg, Peter C. *Marketing contra-intuitivo.* Rio de Janeiro, Campus, 2002.

Cobra, Marcos. *Marketing: magia e sedução.* São Paulo, Cobra, 2000.

Costa, Eliezer Arantes da. *Gestão estratégica.* São Paulo, Saraiva, 2002.

Etzel, Michel J.; Walker, Bruce J. & Stanton, Willian J. *Marketing.* São Paulo, Makron Books, 2001.

Gale, Bradley T. *Gerenciando o valor do cliente: criando qualidade e serviços que os clientes podem ver.* São Paulo, Pioneira, 1996.

Gianesi, Irineu G. N. & Corrêa, Henrique Luiz. *Administração estratégica de serviços: operação para a satisfação do cliente.* São Paulo, Atlas, 1996.

Grönroos, Christian. *Marketing: gerenciamento e serviços: a competição por serviços na hora da verdade.* Rio de Janeiro, Campus, 2003.

Hamel, Gary. *Liderando a revolução.* Rio de Janeiro, Campus, 2000.

Hayash, Alden M. When to trust your gut. *Harvard Business Review*, Feb. 2001. p. 59-65.

Hooley, Graham & Saunders, John. *Posicionamento competitivo. Como estabelecer e manter uma estratégia de marketing no mercado.* São Paulo, Makron, 1996.

_____; _____. & Piercy, Nigel F. *Estratégia de marketing e posicionamento competitivo.* São Paulo, Prentice Hall, 2001.

Iacobucci, Dawn. *Os desafios do marketing*. São Paulo, Futura, 2001.

Kotler, Philip. *Administração de marketing: análise, planejamento, implementação e controle*. São Paulo, Prentice Hall, 2000.

_____. *Marketing para o século XXI: como criar, conquistar e dominar mercados*. 4 ed. São Paulo, Futura, 1999.

_____. *Administração de marketing: a edição do novo milênio*. 10 ed. São Paulo, Prentice Hall, 2000.

_____ & Armstrong, Gary. *Princípios de marketing*. Rio de Janeiro, Prentice Hall, 1998.

_____ & Keller, Kevin Lane. *Administração de marketing*. São Paulo, Pearson Prentice Hall, 2006.

_____; Jain, Dipak & Maesincee, Suvit. *Marketing em ação*. Rio de Janeiro, Campus, 2002.

Kotter, John P. *Liderando mudanças*. Rio de Janeiro, Campus, 1997.

Lovelock, Christopher & Wright, Lauren. *Serviços: marketing e gestão*. São Paulo, Saraiva, 2001.

Lupetti, Marcélia. *Planejamento de comunicação*. São Paulo, Futura, 2000.

McCarthy, E. Jerome. *Marketing essencial*. São Paulo, Atlas, 1997.

McDonald, Malcolm. *Plano de marketing*. Rio de Janeiro, JB, 1993.

Oliveira, Djalma de Pinho Rebouças de. *Planejamento estratégico: conceitos, metodologia e práticas*. São Paulo, Atlas, 1999.

Parmerlee, David. *Preparing the marketing plan: American Marketing Association marketing toolbox*. Illinois, NTC, 2000.

Pimenta, Maria Cecília & Richers, Raimar (orgs.). *Segmentação: opções estratégicas para o mercado brasileiro*. São Paulo, Nobel, 1991.

Pine II, Joseph & Gilmore, James H. *O espetáculo dos negócios: desperte emoções que seduzam os clientes, sensações intensas determinam o valor de produtos e serviços*. Rio de Janeiro, Campus, 1999.

Porter, Michael E. *Estratégia competitiva: técnicas para análise*

de indústrias e da concorrência. Rio de Janeiro, Campus, 1986.
_____.Vantagem competitiva. Rio de Janeiro, Campus, 1989.
_____. Competição: estratégias competitivas essenciais. Rio de Janeiro, Campus, 1999.
Richers, Raimar. Marketing: uma visão brasileira. São Paulo, Negócio, 2000.
Ries, Al & Trout, Jack. As 22 consagradas leis de marketing. São Paulo, Makron, 1995.
Rocha, Angela & Christensen, Carl. Marketing: teoria e prática no Brasil. São Paulo, Atlas, 1999.
_____ & Mello, Renato Cotta de (orgs.). Marketing de serviços: casos brasileiros. São Paulo, Atlas, 2000. (Coleção Coppead de Administração.)
Schultz, Don & Barnes, Beth E. Campanhas estratégicas de comunicação de marca. Rio de Janeiro, Qualitymark, 2001.
Tapscott, Don; Ticoll, David & Lowy, Alex. Capital digital. Dominando o poder das redes de negócios. São Paulo, Makron Books, 2001.
Zairi, Mohamed & Leonard, Paul. Benchmarking prático: o guia completo. São Paulo, Atlas, 1995.

Os autores

Miguel Lima

Doutor em comunicação pela UFRJ, mestre em administração pela UFF, especialista em relações internacionais pela Uerj e economista pela UFF. Coordenador acadêmico e professor convidado do MBA de Gestão Empresarial e do MBA em Gestão de Comércio Exterior e Negócios Internacionais do FGV Management. Desempenhou cargos gerenciais na Petrobras Internacional e no Grupo Irwin Industrial. Professor de marketing do Departamento de Administração da UFF.

Arão Sapiro

Mestre em administração pela Eaesp/FGV, com especialização pela Faculdade de Economia e Administração da USP. Professor dos cursos de MBA do FGV Management. Presidente do Instituto de Estudos de Competitividade (Insec). Consultor nas áreas de competitividade e educação corporativa.

João Baptista Vilhena

Mestre em administração pela Ebape/FGV, especialista em marketing pela ESPM/RJ e economista pela Universidade Candido Mendes. Coordenador acadêmico do MBA em Gestão Comercial e do MBA em Gestão Estratégica de Serviços do FGV Management. Tem 21 anos de experiência profissional, dos quais 13 em cargos executivos e oito em trabalhos de consultoria para importantes empresas nacionais e multinacionais.

Maurício Gangana

Mestre em administração pela PUC-Rio e engenheiro em sistemas de computação pela Uerj. Consultor na área de marketing. Coordenador acadêmico e professor do MBA em Marketing do FGV Management. Sócio-diretor da Delphis Marketing e Comunicação, com experiência profissional de 10 anos em cargos gerenciais em empresas de portes variados.

Este livro foi impresso nas oficinas gráficas da Editora Vozes Ltda.,
Rua Frei Luís, 100 – Petrópolis, RJ,